東京喰種

TOKYO GHOUL

トーキョーグール

ISHIDA
SUI

TOKYO GHOUL

ishida sui

YOUNG JUMP COMICS

石田スイ

3

この作品はフィクションです。実在の人物・団体・事件などには、いっさい関係ありません。

東京喰種

TOKYO GHOUL

トーキョーグール

ISHIDA SUI

3

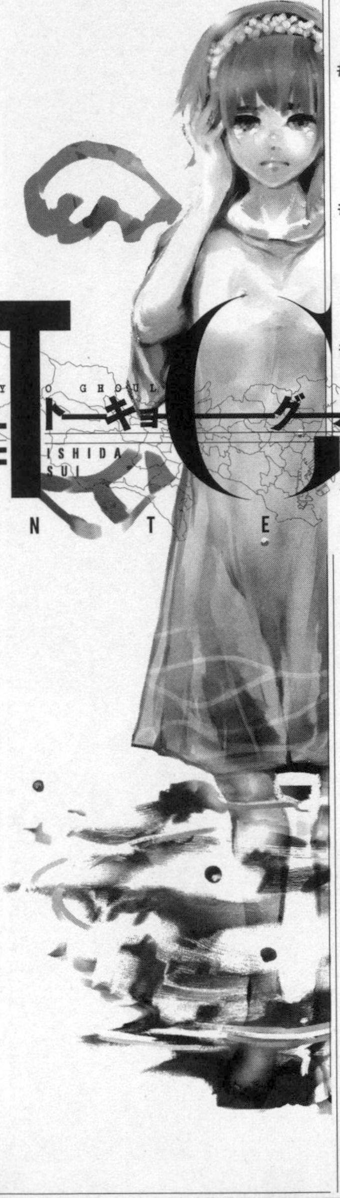

CONTENTS

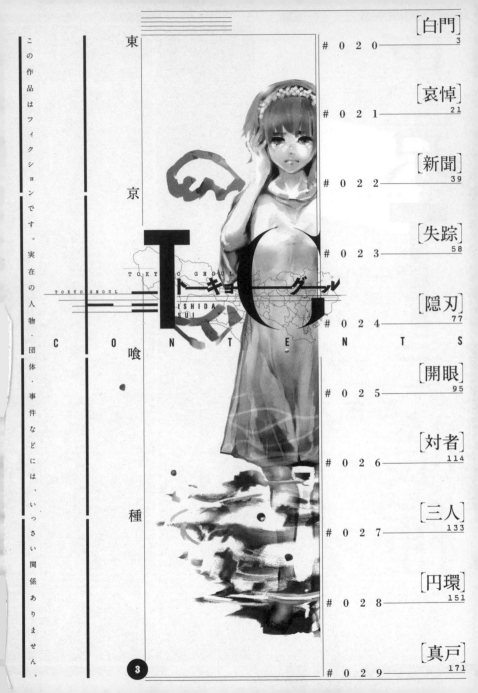

#020
TOKYO GHOUL
[白門]
ザ
うわっ
…腰抜けヤロー
もう一回
指折ってやろうか？

あんな角砂糖なんかに頼ってるから力出せねーんだよ
グゥゥ…
……
また仕事終わりにやるよ
…うん
…そうだアンタさ
……？
明日ちょっと付き合ってよ
……？……うん

待ち合わせ時間から
20分経過…
おい
トーカちゃん今日は早…
…？
どうしたの？その荷物…

ふ
く
今からコレに着替えて
ドン
借りモンだから汚すなよ
Seventh Lion
男性
Men's
キュッ

制服かぁ…
僕がやったらコスプレだよな…コレ
大学生だし
―というか何でこんな恰好《かっこう》…？
男性
Men's
女性
知り合いに見られたら恥ずかしいどころじゃないぞ…
おう
！

サイズ
合ってんじゃん
どん
!?
これなら
不自然じゃない
…顔もガキっぽいし
…でも
もうちょっとイメージ
変えたい所ね…
……
ガッ
うわっ…
ちょッ!?

ボサッ
…………
…そろそろ説明してよ…トーカちゃん
制服着たり髪グチャグチャにしたり…
これって一体…
ピタ

ドン
!
CCG　二十区支部
…あの…
ここって…?
〔CCG〕
喰種《グール》対策局の
支部
…ちょっと
トーカちゃん
もしかして
今からここに…?
〝私〟じゃない
〝私たち〟よ
CCG 二十区支部

む…無茶だよ!!
いきなり敵陣に殴り込みだなんて無謀にも程がある!!
うるさいわよ アホ
コレ見て
懸賞金３００万円
黒崎二丁目 殺人・捕食事件
喰種目撃情報求む!
指名手配
……!
手配書?
そ…“喰種《グール》”のね
都議会員 国成 戒さん殺人事
その端は…
月山《つきやま》…リゼ…
…ヒナミの
喰種目撃情報求む!
11月9日 午後7時30分頃
以下の特徴の少女を見た方は
彼女は『喰種』です!
母親を確保された復讐に人間を襲うことも考えられます。
どんな些細なことでも構いませんので、
事件に関連があると思われる情報をお寄せください。
捜査へのご協力をお願いします。
捜査担当 中島康智
情報提供のお願い
現場調査の結果、同一喰種の犯行と思われますが、
いまだ有力な情報は寄せられていません。
どんな些細なことでも結構ですので、
事件に関すると思われる情報をお寄せください。
捜査へのご協力をお願いします。
CCG東京都20区支部

白鳩《ハト》どもは一般人からのタレコミも聞いてくれんのよ
そう…なんだ
……今日の私たちは“集優《しゅうゆう》高校の生徒”よ
カチャ
私がしゃべるからアンタ適当に相槌《あいづち》うってて
…こし!
えっ…あ…うん…
——何か…眼帯がないと落ち着かないなぁ
…眼帯してた方が変に顔覚えられるかもしんないでしょ
うーん…そうかな…

CCG二十区支部　総合受付
情報提供ですね 有難うございます
お名前と連絡先の記入をお願いします
私のだけでいいですか？
はい
適当…
担当の者が参りますので 席にかけてお待ちください
チラ
ザッ
ザッ
また〝美食家《グルメ》〟がやってくれたよ…
村田《むら た》さんの班も大変だな…
──居心地最悪だ…
バレたらどうするんだよ…
……！

あのゲートは？
…？ ああ…
『Rc検査ゲート』
Rc…？ 検査…
よくわかんないけど 〝喰種《グール》〟は『Rc因子』ってのが 人間の十数倍高いから
細胞取って その数値調べたら 一発でバレんだって
あのゲートは それに反応するように 出来てるらしいの
…だから 〝喰種〟が入れるのは ここまで
まだ開発途中なのと 設備に金がかかるから 普及はしてないけど
大手の会社とかで 〔CCG〕と同じ機械 取り入れてるトコも あるみたいよ
そうなんだ…
…じゃあ ゲートの技術が進歩して 世間に普及したら…

……
そうなりゃ地下に逆戻りするだけよ
お待たせしましたー
コッ
情報部の累沢《るいさわ》です
可愛い情報提供者さんねーよろしく♪
軽い……

重原《かさはら》小学校の近くに…
河が流れてるじゃないですか？
——そこで張り紙の…クローバーの服の女の子を見たんです
ふんふん…
ちょっとボロボロだったけど…ねっ？〝カネモト〟くん
〝クローバーの服〟…ヒナミちゃんのことだよな？…でも…
重原って20区の端じゃないか…
そうそう泥だらけで…
嘘の情報で攪乱《かくらん》するつもりなのかな…
そうだとしてもリスクが大きくないか…？
他に何か気付いたことある？何でもいいのよ
いえ…特には…
あの〜…
〝喰種《グール》〟って人間よりずっと強いんですよね？
捜査官の方って拳銃とかで戦うんですか？

それは言えない決まりなのよごめんねー
でも!
ぱん
最近 本局からすっごく腕のある捜査官の方々が来てくれたから大丈夫!
しかも 片方は背が高くて中々イケメンだし
母親の〝喰種《グール》〟もその人たちが退治してくれたし
逃げている〝喰種〟もすぐに見つけてくれると思うわ!
そうなんですね良かった…
だけど…
あんなに若い子殺しちゃうの
ちょっと心が痛みそうですね…

大丈夫♪
〝喰種《グール》〟は人間じゃないし
私たちに危害を加える恐れがあるから
駆逐《くちく》されて当然なのよ♪
そう…
ですよね
──結局…
あのお姉さんが色々しゃべってくれたけど…
わざわざ危険を冒《おか》してまで来る必要があったのかな？
……にしても…
──〝喰種〟は駆逐されて当然…か

おっと
痛《た》ッ
失礼…お嬢さん
大丈夫ですかな？
イテテ…
いえ…
…！
す……
すみません
でした…っ
……
……君…
彼女らは？
情報提供に
来てくれた
高校生ですよ
ほう……

君たち！
……！
ビクッ
トーカちゃん あの人…
話は後よ… あとココで名前呼ぶな…っ
私は件《くだん》の担当の『真戸《まど》』というんだ
少女の情報の事なんだが…
少々 君たちの話を聞かせてくれないかな…？
オ
〝奥〟で
オ
オ

奥の個室で少し話そう
#021
TOKYO GHOUL
[哀悼]
スタ
スタ
スタ
心配しなくていい
時間はとらせない
さぁ

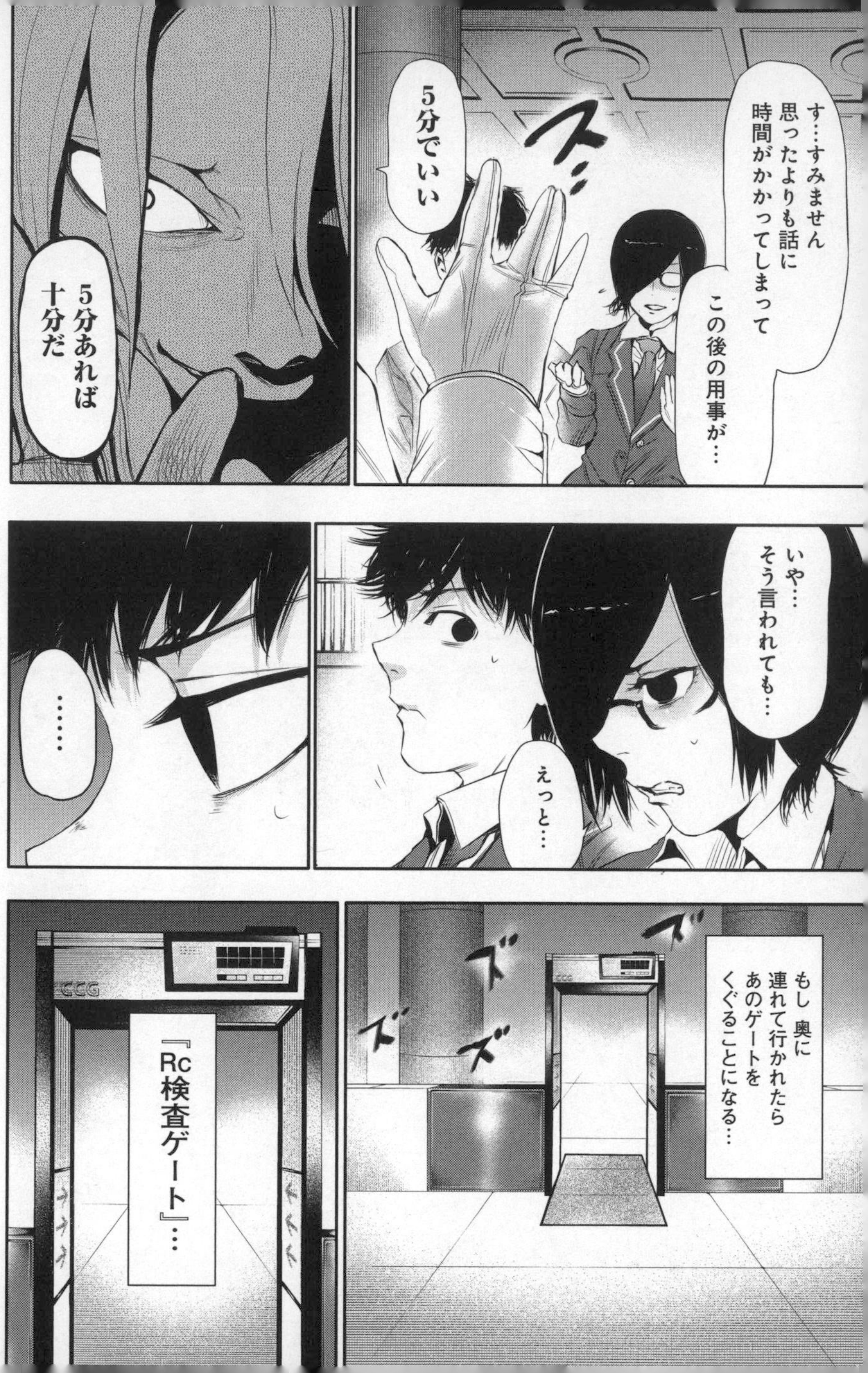
す…すみません
思ったよりも話に
時間がかかってしまって
この後の用事が…
5分でいい
5分あれば
十分だ
いや…
そう言われても…
えっと…
……
もし 奥に
連れて行かれたら
あのゲートを
くぐることになる…
CCG
『Rc検査ゲート』…

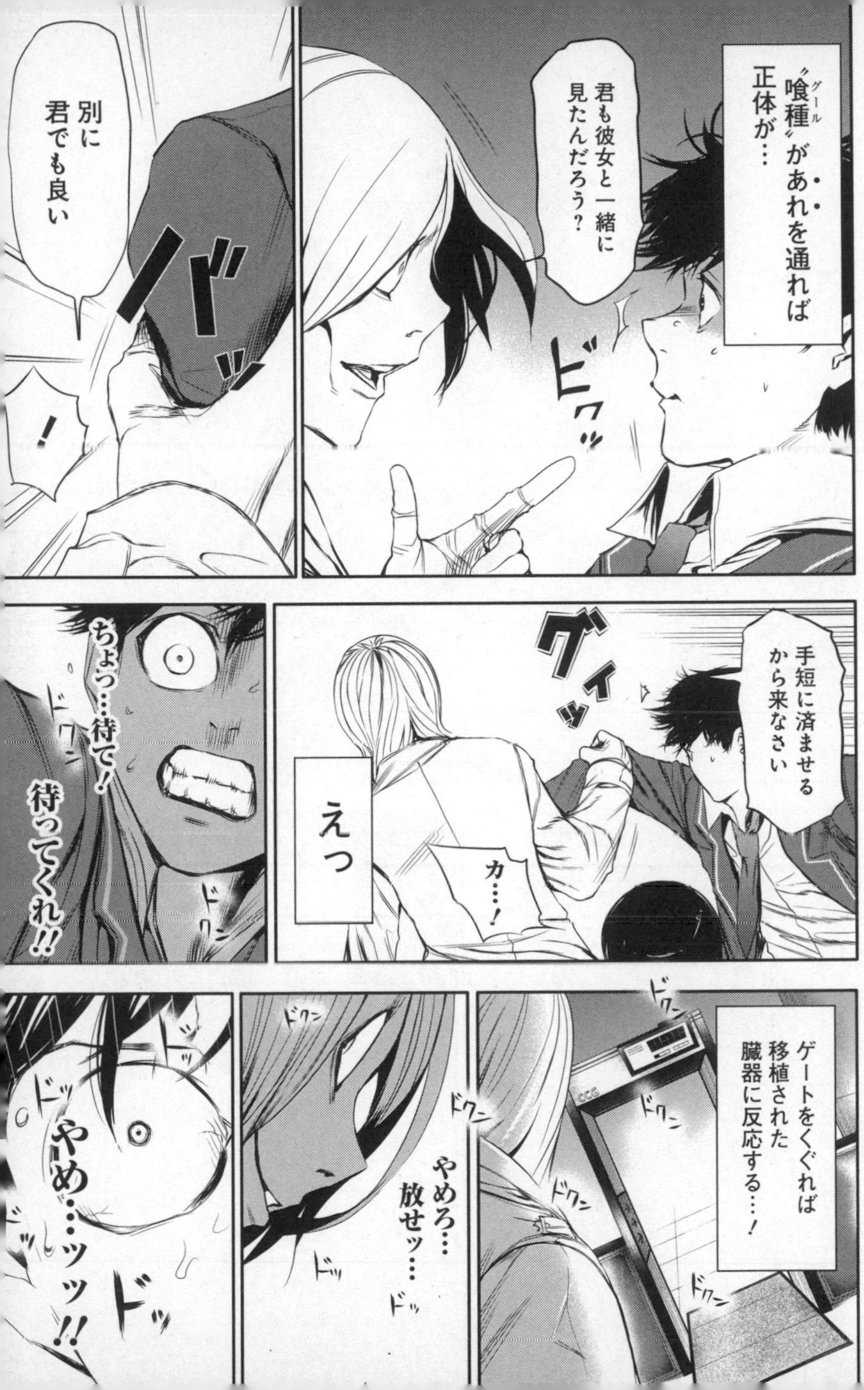

"喰種《グール》"があれを通れば正体が・・・
君も彼女と一緒に見たんだろう？
ビクッ
別に君でも良い
バッ
手短に済ませるから来なさい
グイィッ
カ…！
えっ
ちょっ…待て！
待ってくれ!!
ゲートをくぐれば移植された臓器に反応する…！
やめろ…放せッ…
やめ…ッッ!!

ザ
ッ
CCG
ヤバ…通っ…
……
ニィ…

…ッツ
……
……
…あれ？
……？
何も…
起きない…？

すみませんッ
バッ
!
塾の時間だから本当にもう行かないと…!
今度また必ずお話に来ますので!
カネッ…モトくんもほら早く!!
あっ…はい! すいません 僕も行かないと…!!
アタフタ
タタタ
CCG
commission of cou
タタタタ
スッ

……？
はぁッ……
はぁ…
ぬ…
抜け出せた…
……でも…
──何でゲートは反応しなかったんだろう…？
…僕に人間の部分が残っているから？
何でもいいわよ

助かったよ
…半端《ハンパ》ヤロー
………
…うん
よかった…
………
真戸さん

どうしました？
こんなところで
亜門《あもん》くん
いや…
さっきの情報提供に
来ていた学生2人組…
ピンと来るものが
あってね
目線に落ち着きのない
少年の方をゲートチェック
してみたんだが…
どうやら
違ったみたいだ…
…私の勘《カン》も
鈍ったかな
…私が あとで
情報の内容を確認
しておきます
いつも悪いね
いえ…

そういえば草場《くさば》さんの告別式がホールで行われるそうですが…
…ああ
私は遠慮しておく
それなら一分一秒でも仕事をしていたい
君もそうだろう？
あ…
…はい——
——草場一平《いっぺい》三等捜査官は捜査中に兎面《ラビット》の〝喰種《グール》〟の凶行により命を落とした
おそらく母娘《おやこ》〝喰種〟の件に関わる者の仕業だろう
草場捜査官の勇気に敬意を表し一分間の黙祷《もくとう》を捧げる
一同…黙祷！

……
しん
……
……
……

亜門さん
中島《なかじま》さん…
………
…メシ
一緒にどうですか
手打ち屋
あずみ
八房園

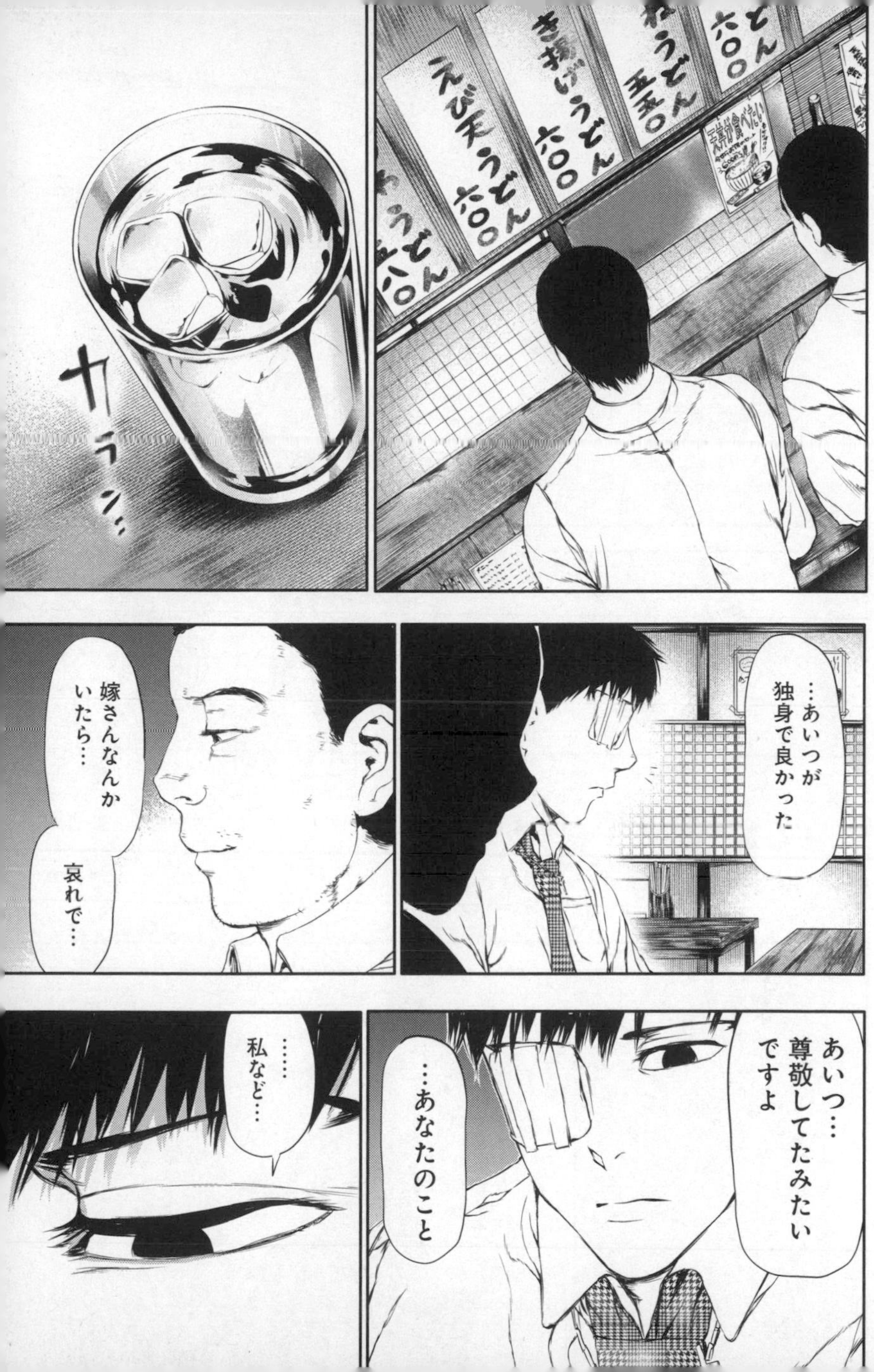
えび天うどん 六〇〇
カラン…
…あいつが独身で良かった
嫁さんなんかいたら…
哀れで…
あいつ…尊敬してたみたいですよ
…あなたのこと
……私など…

お待ちどう
コト
今日は眼鏡のニイちゃん一緒じゃないんだね
……
…俺はここでは
いつもこのセットを頼むんだ
草場の野郎は俺が注文する度に「またですか中島さん」ってうるさくてな…
あのバカ毎回 俺に奢《おご》らせるクセしてよ…
黙って食えっつの…ったく……

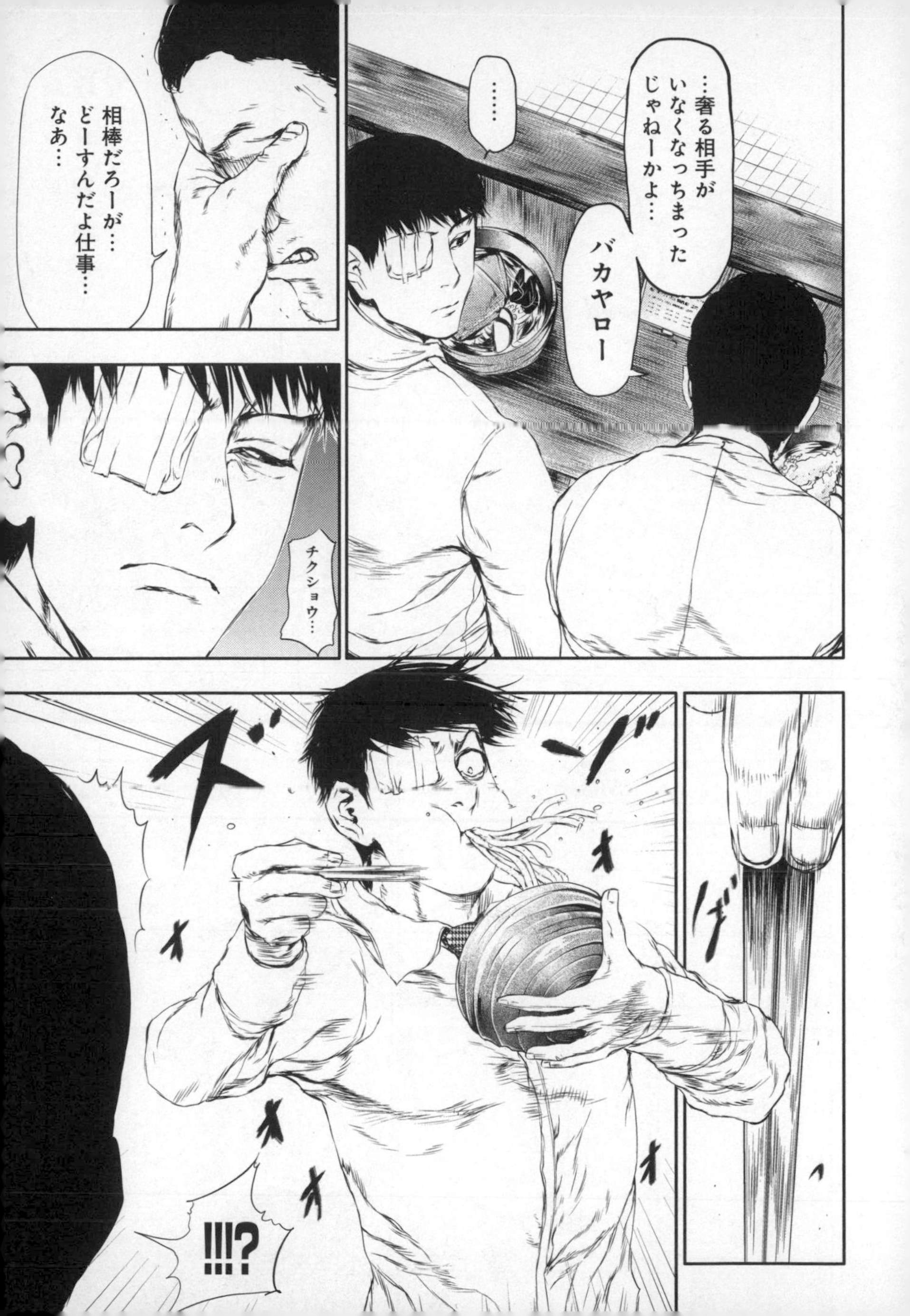
…奢る相手が
いなくなっちまった
じゃねーかよ…
……
バカヤロー
相棒だろーが…
どーすんだよ仕事…
なあ…
チクショウ…
!!!?

草場さんが
殺されていい理由
なんてない…
トン
こんな世界は
間違っている
俺たちが
正すべきだ
——中島さん
今度 私にも
食事を奢って
ください
……!
草場さんより
ずっと食いますが
……

…給料が飛んじまいそうだな
──フッ…
ギッ
ギッ
フッ…
フッ…
ギッ
ギッ
…フッ…
──正義を貫こうとした男
フッ…
大切な人を奪われた子供たち
フッ…
画鋲
保護児童リスト

誰かを守ろうと
戦った人々
……
……
なぜ 彼らが
命を落とさなければ
ならない…？
ギ
──変える…
フ…
変えてみせる
フ…
間違った この世界を
ギリッ

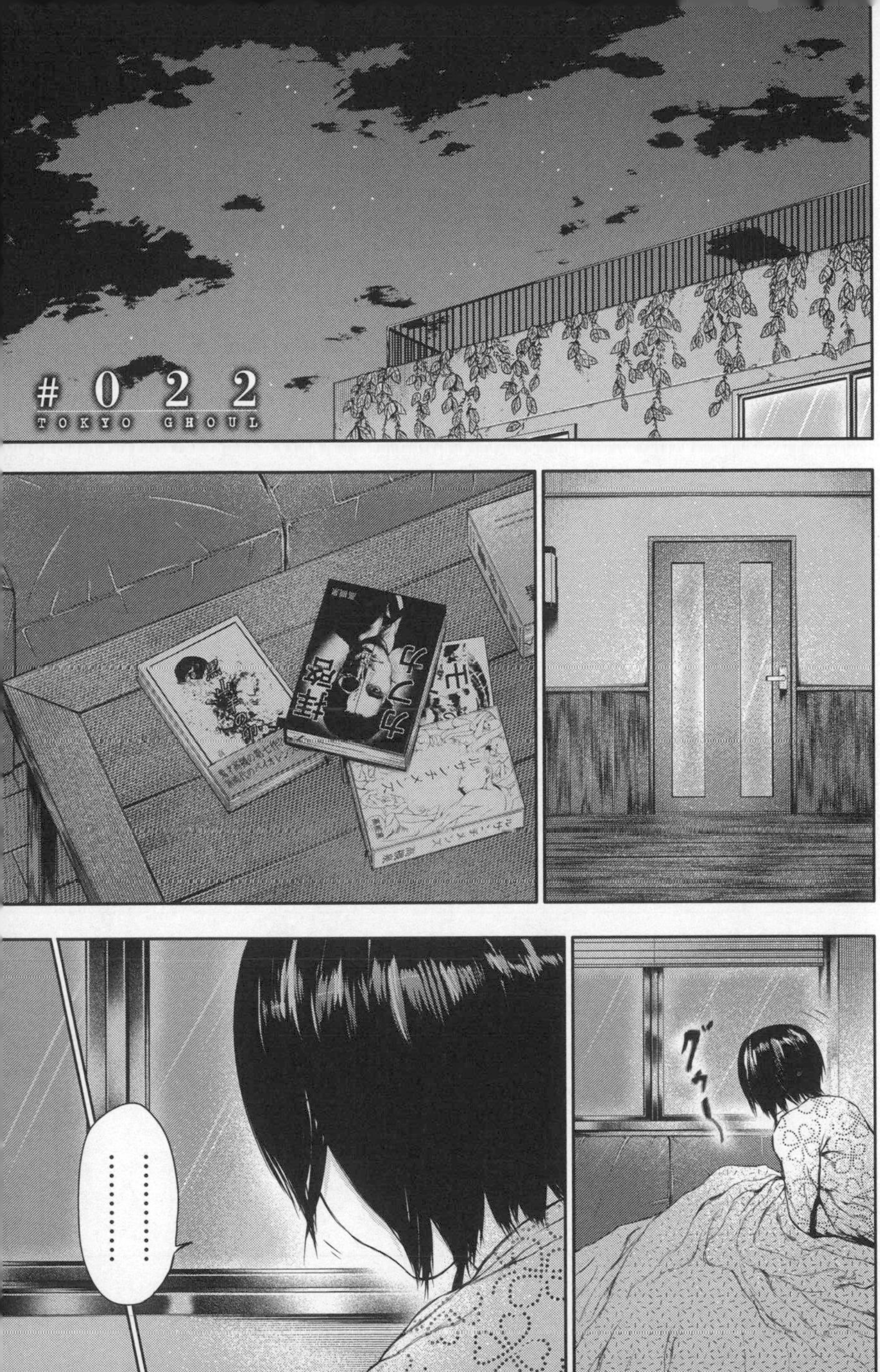
#022
TOKYO GHOUL
グゥ〜
……

#022 新聞
TOKYO GHOUL
捜査官一人死亡
10日午後10時30分頃、東京都二十区の文月通りインター横の路上で、喰種捜査官二人が喰種に襲撃され草場一平さん(26)が重傷を負い死亡する事件が発生した。喰種捜査官二人は食事をして帰宅する途中だった。
殉職した草場 一平さん(26)
犯人はウサギ好き？
CCGの発表によると犯人の喰種は、身長155㎝ほどで兎の面を被っていたという。
兎の面は女子高校生の間で人気を博しているキャラクターシリーズ「zack」の中の一種「カチカチ」というウサギのキャラクターを模したもので、犯人の喰種が、若い世代である可能性を示唆している。
円高進み 株価下落 世界でも
事実は無視できない。円高が進み、輸出企業の業績が伸び悩んでいる。
業界ごとの株価上昇率は10日では、電力・ガスなどのエネ
裁判の経緯
……
ピ
あっ

…仕事中だっつの
パサ…
……
その記事の人って確か…
あの捜査官たちの一人だよね…
もしかしてトーカちゃんが…
…だったら何？

私は人殺しよ
全員殺すまでやめない
全員…
……
…〝喰種《グール》〟として生まれてきた彼女は…
人の命に対する価値観が全く違うんだろうな…
ヒナミにコーヒー淹《い》れてくる
うん…
あっ
そういえばヒナミちゃんのことだけどさ…
？
何かずっと元気ないし
夜も寝てないみたい
店長に聞いたらあれ以来 食事もとってないらしいし…
心配で…

夜寝ないのは
アンタが
あの長ったらしい
“高槻《たかつき》ナントカ”の本
貸すからでしょ
だから こっちは
命懸けで［CCG］
行ったりしてんの
ヒナミを
元気づける方法
なんて 一個しか
ないじゃん
―“方法はひとつ”…
リョーコさんの
命を奪った捜査官に
復讐すること…？
……でも…
本当に それで
ヒナミちゃんは報われる
のかな…

トントン
キィ…
ん……
ヒナ
ごめんな
寝てた？
カチャ
…メシ喰ってないんだって？
ダメだよアンタ
ちゃんと喰わないと
成長期なんだからさ
……

…うん…
……
大丈夫
アンタはなーんにも心配しなくていいから
私が全部うまくやってやるよ
ぽ
こんな狭い部屋じゃなくてもっと広い世界を見せてあげる
だから…もう少しだけ辛抱して
…うん

…？
……それ何？
ああ…新聞
福岡市連続発砲事件
店長が好きでいくつもとってんのよ
すごい…字がいっぱい…
ほー
ニコ
やるよ
バサ
！
勉強してんでしょ？
人間の世界のこともわかるし…結構 面白いよ

ありがとう
トーカお姉ちゃん
わからない言葉が
あったら
カネキお兄ちゃんに
聞くね…
パァァ
……私には
聞かないのか
そーかい
バタン
さて…と――

どうですか？
ザブ…
いや…
こっちは何も
ジャブ
誰か入り込んだ
形跡もない…
あの2人組…
身元もデタラメ
だったが
やはり情報も
出任せか…
それにしても
この場所…
チャプ…
……………

ただの悪戯《いたずら》の可能性もありますね
行きましょう これ以上は時間がもったいない！
いや…
君たちは先に行ってくれ
私は少しやりたいことがあるのでね
ヒュオオオオオ
………

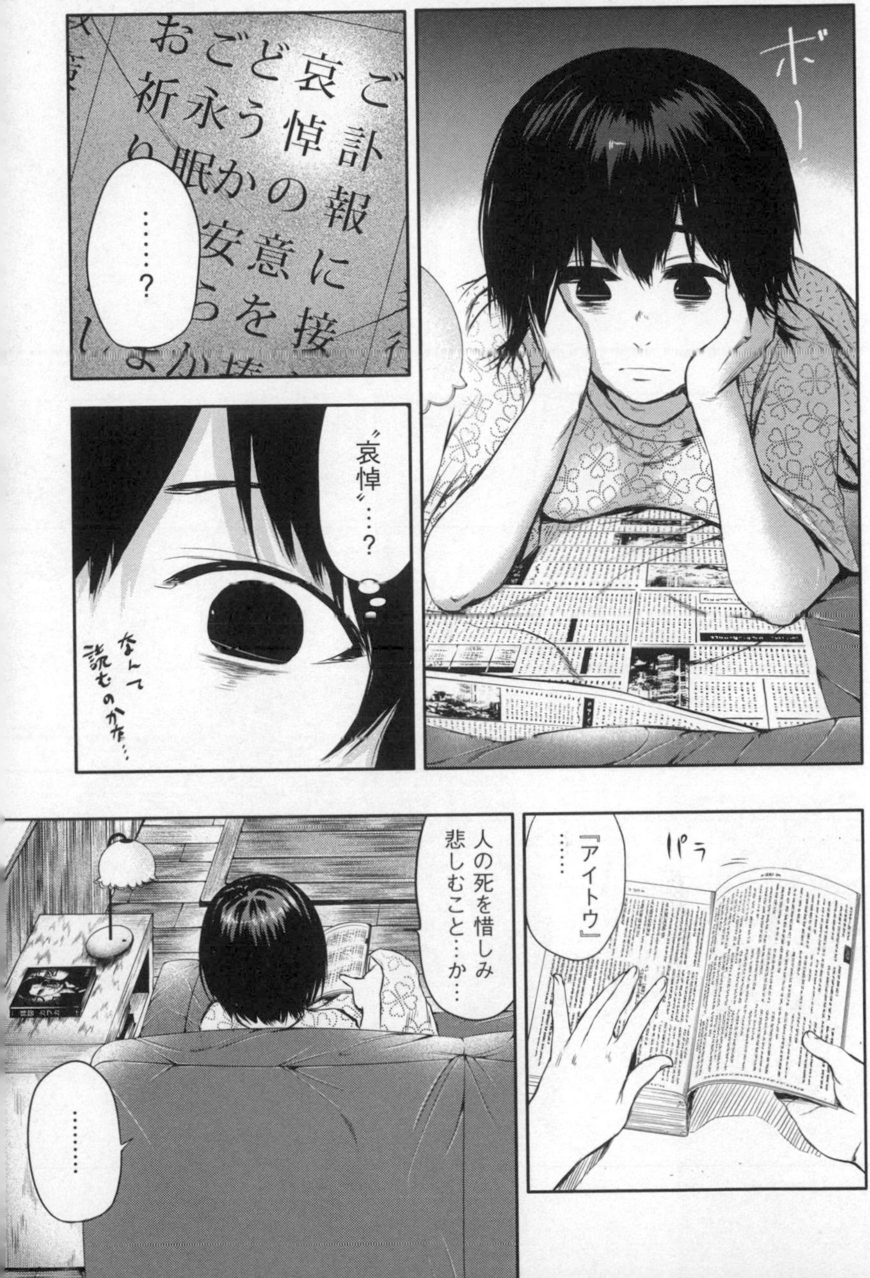

ボー…
ご訃報に接
哀悼の意を
どうか安ら
ご永眠
お祈り
……？
〝哀悼〟…？
なんて読むのかな…
パラ
『アイトウ』……
人の死を惜しみ悲しむこと…か…
………

私のことだ…
……
ぱさっ
ピク
官一人死亡
殉職した草場 一平さん(26)
中だった。
犯人はウサギ好き
10日午後10時30
草場 一平さん(26)
……
……
「私が全部うまくやってやるよ」

……っ
ギッ
…………
…………

ガチャ
チャ
裏口閉めたー?
もぞもぞ
うん
ピタ
…上の部屋静かだね
……?寝てるんじゃない?ヒナミ

昼に行った時も反応なかったけど…
ちょっと寝すぎじゃない…?
………
コンコン
ヒナミ…入るよ?
キィ…
………………

ドッ
ヒュオオオオオ
―嘘…でしょ…？
……
…カネキ
えっ…
おっ…奥の部屋も見てきて
う…うんっ
…………
―何…で？
…ヒナミ―

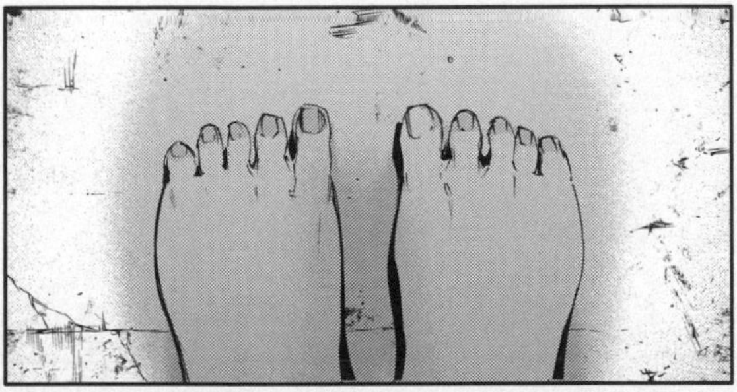

#023 [失踪]

ジャッ
ダッ
………
通学路
文
ハッ…
ハアッ…

遅いッ
置いてくよ!!
えッ
ギ
ッ
タ
ア
ア
ー
ガギン
ダッ
!!

タタッ
……
そうだ…!!
頼む…出てくれッ
—もしもし
!
もしもし
店長ッ
ヒ…
ヒナミちゃんが——

トテ
トテ
ピク
ッ
……………
お母さん…？

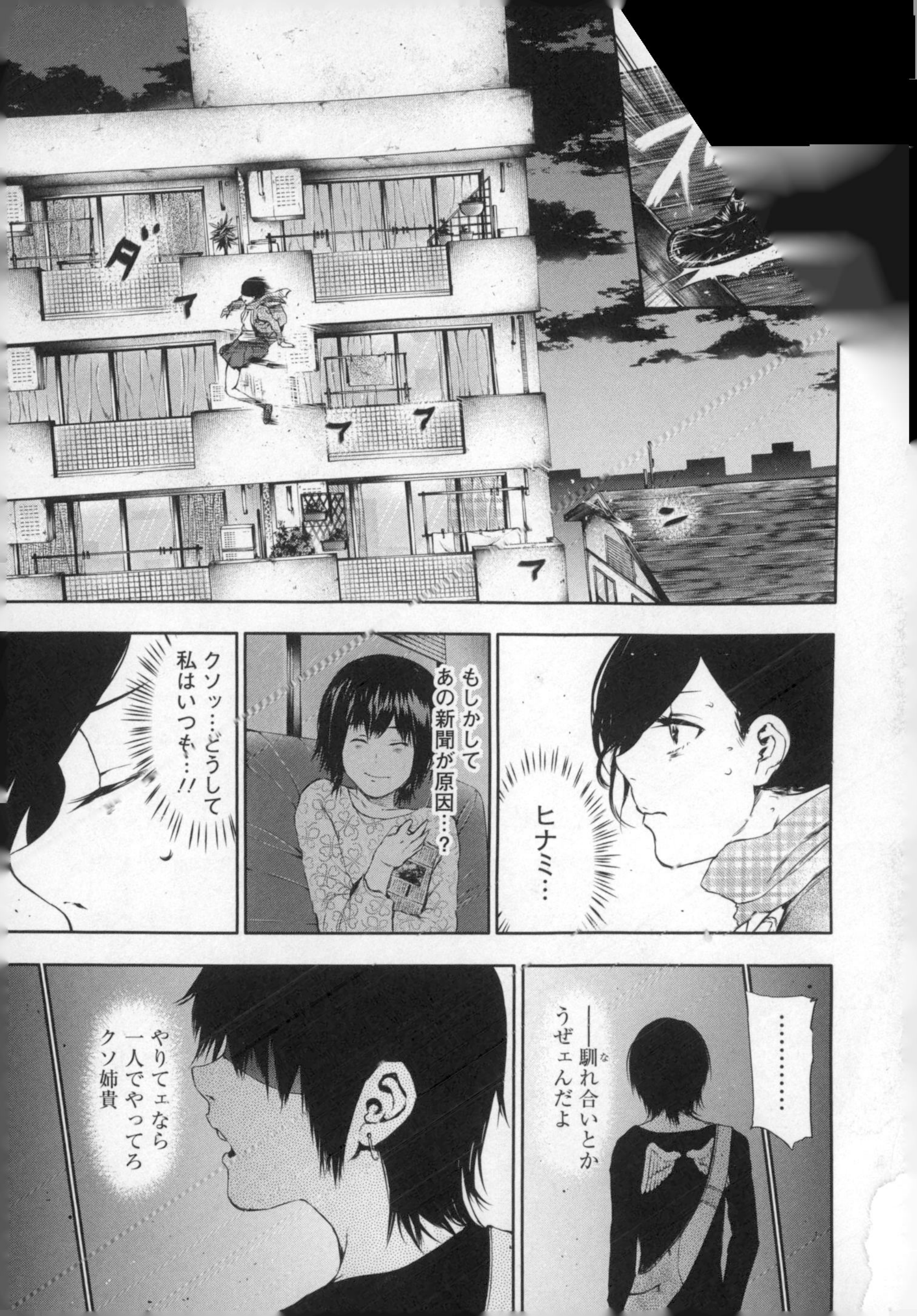
ダァ
ァ
ァ
ァ
ヒナミ…
もしかして
あの新聞が原因…？
クソッ…どうして
私はいつも…!!
……
──馴《な》れ合いとか
うぜェんだよ
やりてェなら
一人でやってろ
クソ姉貴

――アヤト…
ピクン
……
ダッ
なに…？
この匂い…

ぁあぁぁ あ あ あ ぁ
ヒナミ…‼
タァン
……！
タタッ
重原小の近く…？
何で…⁉
う… う…

すし……
すん……
…………
ヒナミ…
…帰ろう…
ピクッ
………イヤ
……!

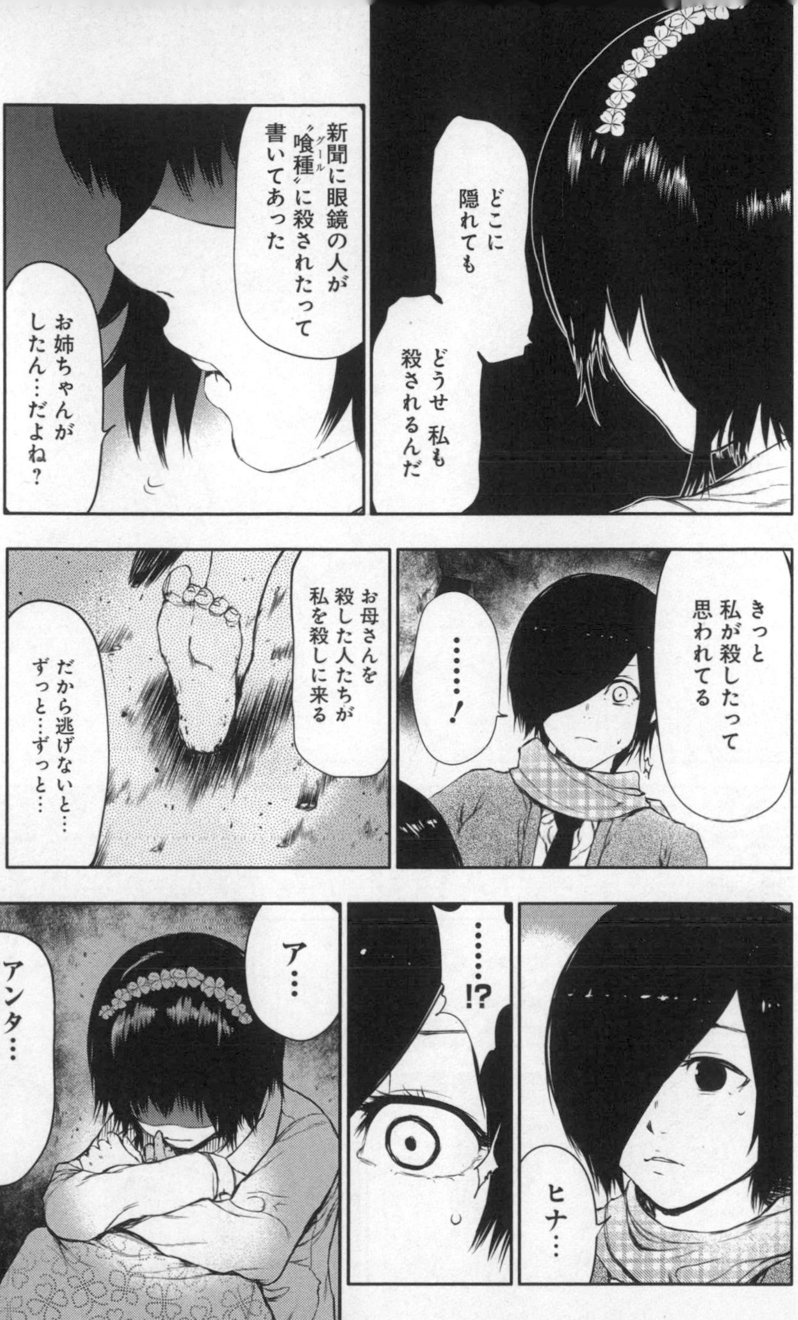
どこに隠れても
どうせ 私も殺されるんだ
新聞に眼鏡の人が〝喰種《グール》〟に殺されたって書いてあった
お姉ちゃんがしたん…だよね？
きっと私が殺したって思われてる
……！
お母さんを殺した人たちが私を殺しに来る
だから逃げないと…ずっと…ずっと…
ヒナ…
……!?
ア…
アンタ…何持ってんの…？

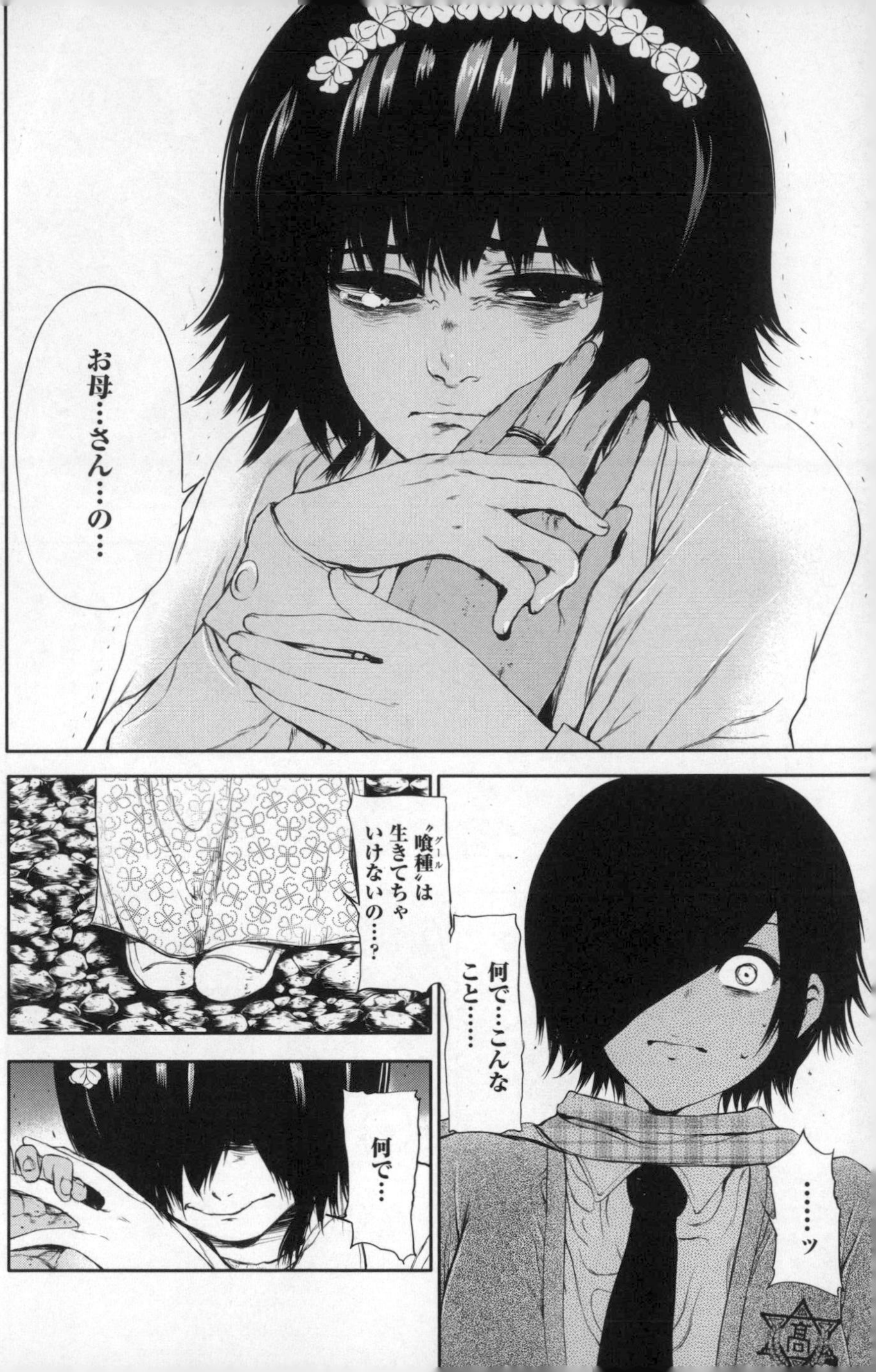
お母…さん…の…
何で…こんなこと……
……ッ
〝喰種《グール》〟は生きてちゃいけないの…？
何で…

…………
私…〔CCG〕に…敵のアジトに行ってきたんだ
…………
そこで連中とも直接話した…
でも…
ヒナミ…アンタの情報は全然集まってなかったよ
私がアンタのこと知ってるって言っても
写真も似顔絵も何も出さなかった
アンタの〝顔〟を知ってるのは
あの夜 出くわした4人だけ
ヒナミ…

私が守る
キュッ
!
あいつらに
アンタを
殺させはしない
絶対よ…
約束する

"喰種《グール》"が生きてていいかは私にもわからない
…でも きっと何か意味はあるはずよ
………
…うん
──…もしもし!?
カネキ? ヒナミ見つかったよ!
本当!?
よ…よかったぁ…
そ…それで今どこなの?
重原小の近くの…

ユラァ

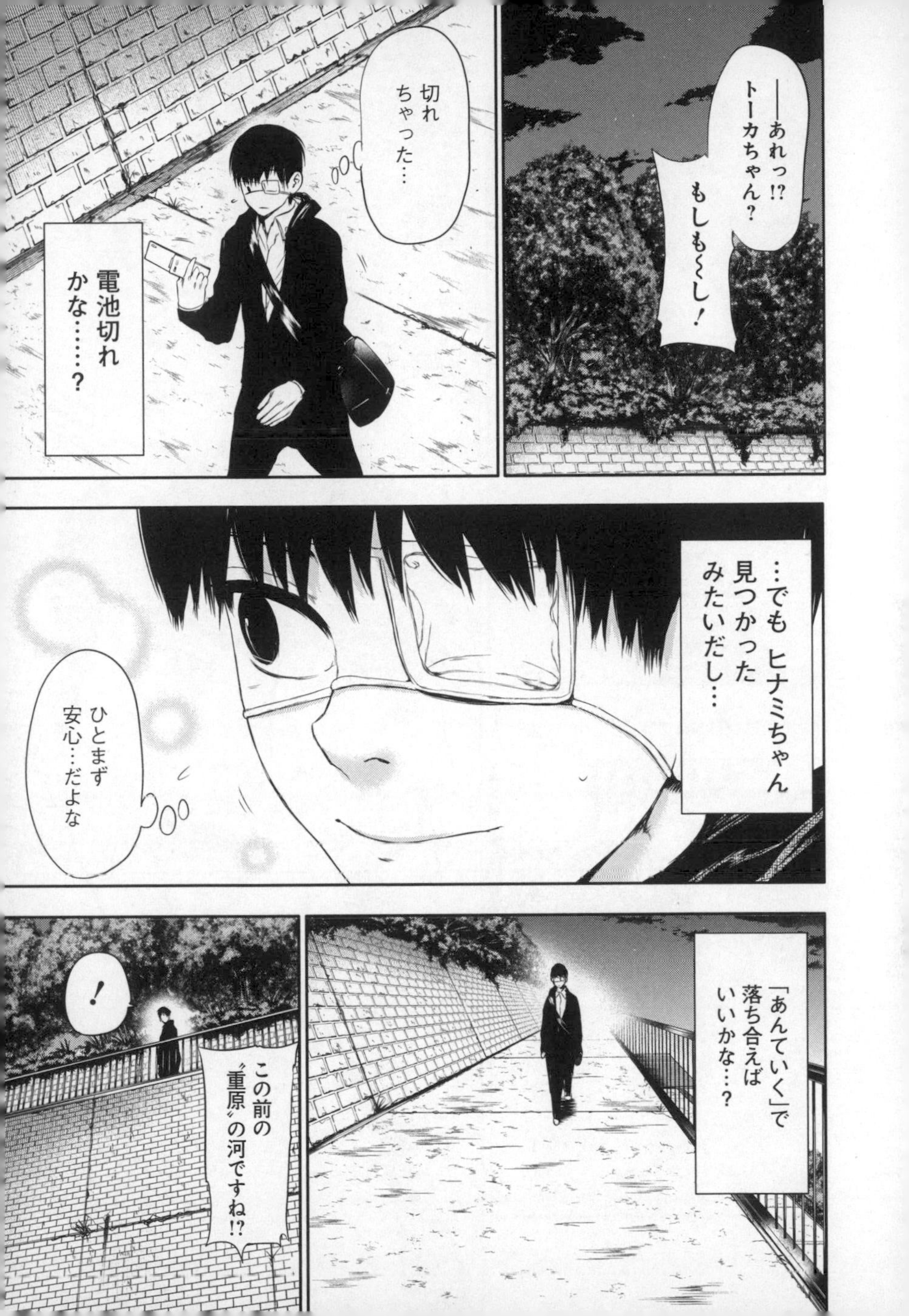
――あれっ!? トーカちゃん? もしも〜し!
切れちゃった…
電池切れかな……?
…でも ヒナミちゃん見つかったみたいだし…
ひとまず安心…だよな
「あんていく」で落ち合えばいいかな…?
!
この前の〝重原〟の河ですね!?

私も直《す》ぐに向かいます!!
それでは…!!
……"重原"…?
………

……！
……
もう――
ピタッ
……!?

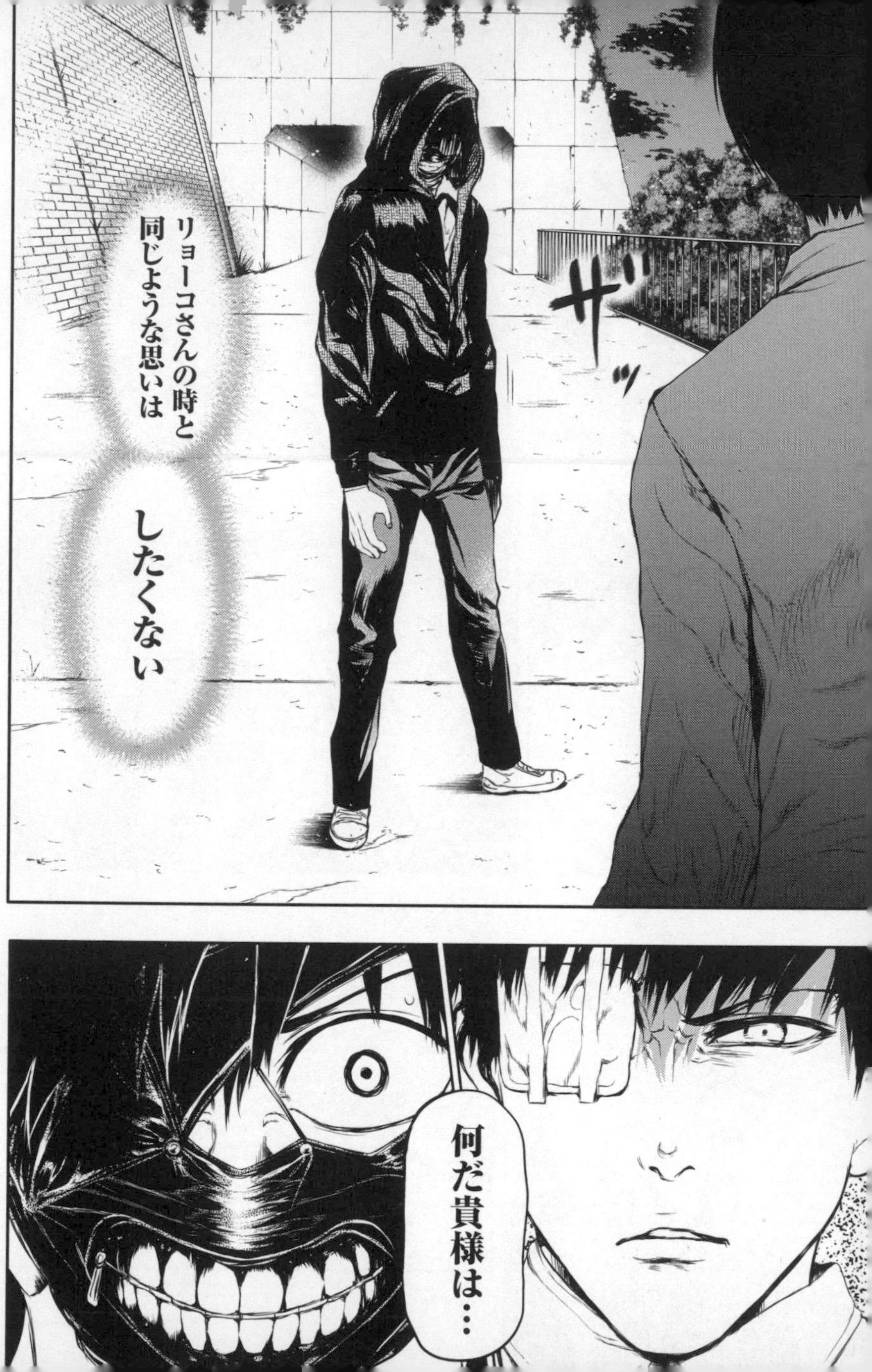
ザッ
リョーコさんの時と同じような思いは
したくない
何だ貴様は…

——何だ
貴様は…？
#024
TOKYO GHOUL
[隠刃]
邪魔だ
消えろ
時間稼ぎで
いい…
この人まで
トーカちゃんの所へ
行かせちゃ
駄目だ……!!
ダッ
——〝喰種《グール》〟が…

本気で
ぶん殴れば
並の人間は
ふっ飛ぶ
相手によっぽどの
実力があれば別だけど
そうじゃなければ
腕振り回してるだけで
結構 戦えるもんよ
体格差は
半端じゃない…
…でも
相手は人間だ…!!

僕でも何とかーー
えっ…？
ガッ
…ッ

——捜査官を
やっていると…
がっは…!!
貴様みたいに
“喰種《グール》”の真似《マネ》事をする
馬鹿な輩《やから》が現れて困る
悪趣味な
マスクだ…
ス…
……!

グッ
ドムッ
!
ジャッ

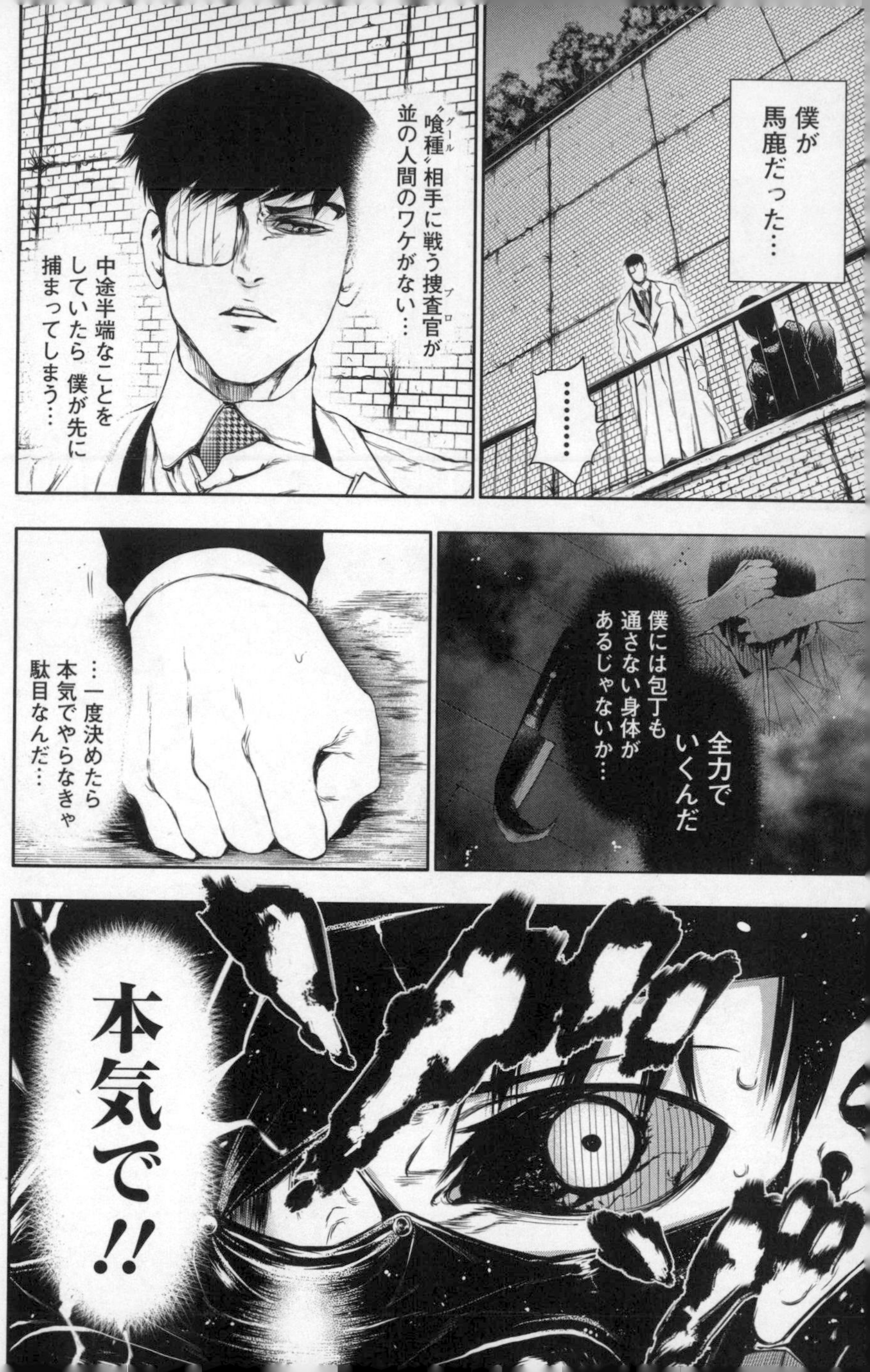
僕が馬鹿だった…
………
〝喰種《グール》〟相手に戦う捜査官《プロ》が並の人間のワケがない…
中途半端なことをしていたら 僕が先に捕まってしまう…
僕には包丁も通さない身体があるじゃないか…
全力でいくんだ
…一度決めたら本気でやらなきゃ駄目なんだ…
本気で!!

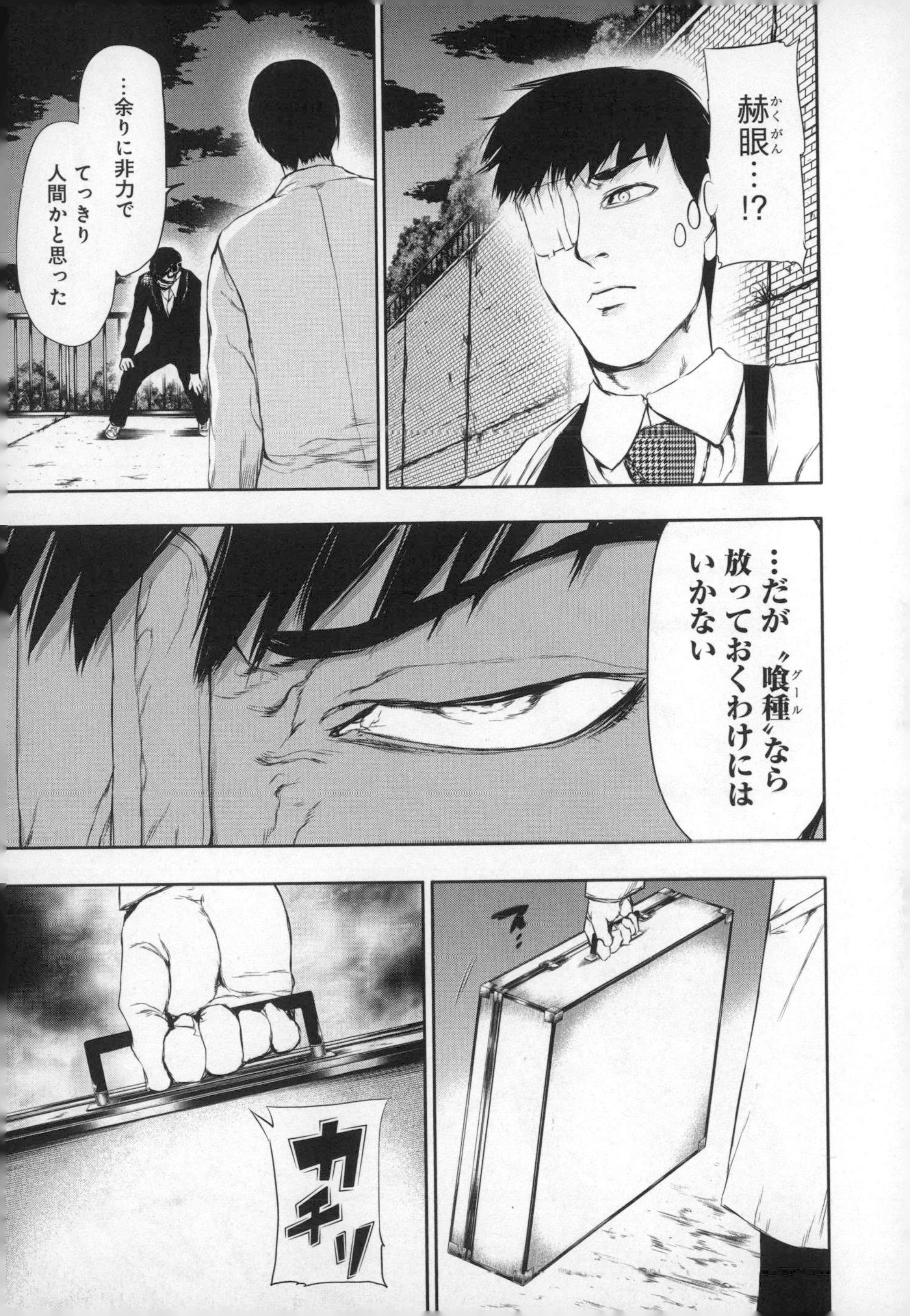
赫眼《かくがん》…!?
…余りに非力で てっきり 人間かと思った
…だが〝喰種《グール》〟なら 放っておくわけには いかない
カチッ

ギャリ
!
ギャリ
……!?

な……
ヒュオ
〝喰種《クズ》〟めッ
何だよ それッ!!
チリッ
タラ・・
キ…キズ?

――この間ぶりだね
笛口《ふえぐち》の娘に…
ギッ
ギッ
ヤマグチ…
いや これは
偽名か
こう
呼ぶべきかな
ラビット

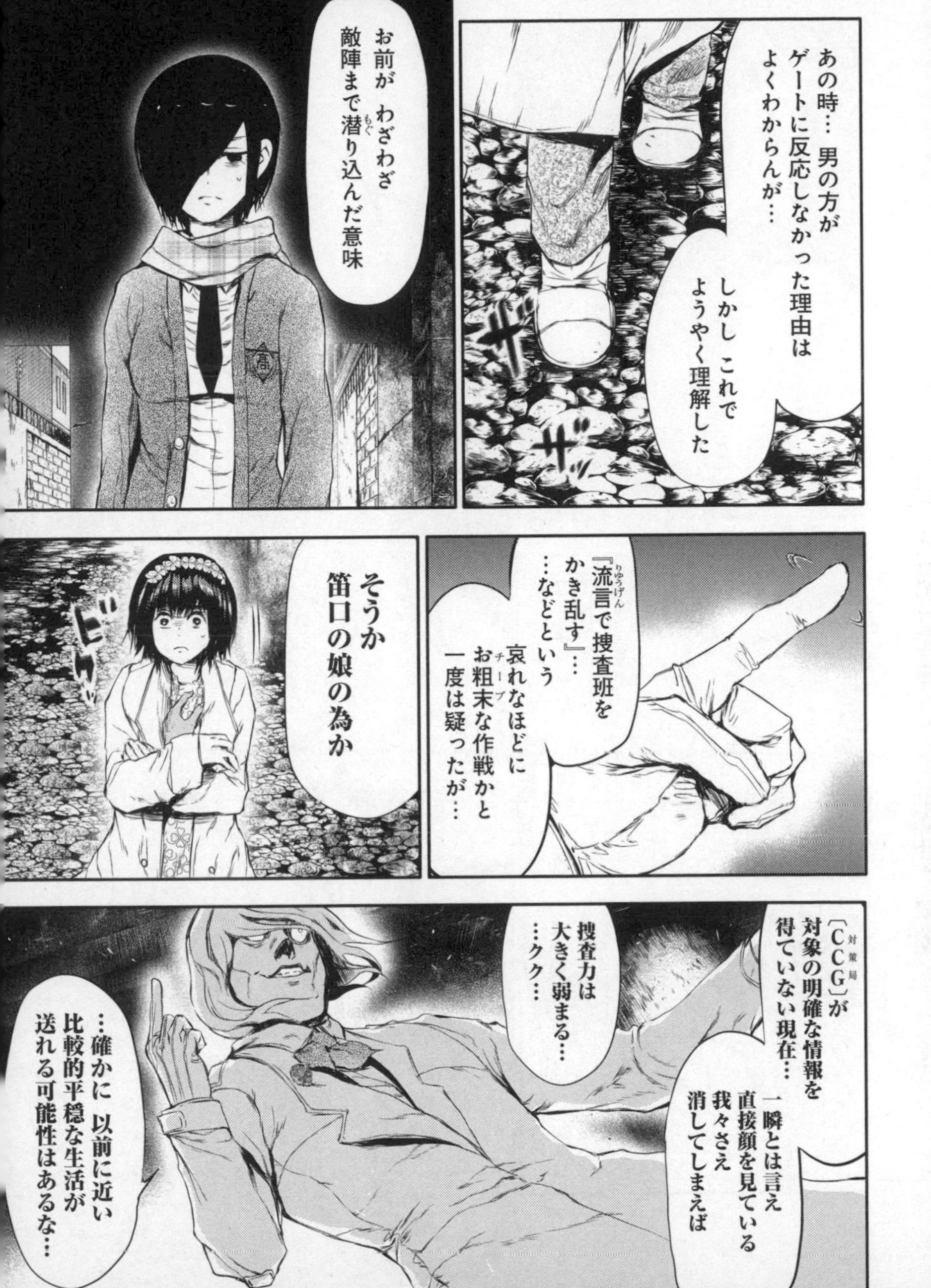

あの時… 男の方がゲートに反応しなかった理由はよくわからんが…
しかし これでようやく理解した
ザ
ザッ
お前が わざわざ敵陣まで潜《もぐ》り込んだ意味
『流言《りゅうげん》で捜査班をかき乱す』……などという哀れなほどにお粗末《チープ》な作戦かと一度は疑ったが…
そうか 笛口の娘の為か
ビクッ
〔CCG〕《対策局》が対象の明確な情報を得ていない現在…
一瞬とは言え直接顔を見ている我々さえ消してしまえば
捜査力は大きく弱まる……クク…
…確かに 以前に近い比較的平穏な生活が送れる可能性はあるな…

反吐《へど》が出る
バケモノの分際で穏やかな暮らしを望もうなどと！
キッ
…………ッ
…そうそう『贈り物』は喜んで頂けたかな？
……!!
母親が恋しいかと思ってねェ…クク
まんまと掛かりおった
…ッッ
ハハハハハハハハッ

てめエッ!!
カチリ
……
そらッ!!

ド
ほう！

見事!!
そこらの雑魚《ザコ》とは違うな!!
今日
死ぬ運命で無ければ
過日の20区
〃梟《フクロウ》〃のように――
さぞかし厄介な〃喰種《グール》〃となったであろう…ッ!!
おっ…
……

──コイツが
ここへ来る可能性を
作っておいて
良かった…
アンタの武器は
ここでは闘《や》りにくく…
ッ…
ポイッ
は…？
カチリ

もう一個…？
…というか
さっきの武器も今度のヤツもまるで…
嫌……
ヒナミ…？
急いで拵《こしら》えたからケースが2つになってしまったが…
クク… どうだ？見覚えがあるだろう？
〝クインケ〟は
大好きなお前の〝母親〟だ
〝喰種《お前たち》〟の赫子《かぐね》から作るものだからなァァ!!

#025
TOKYO GHOUL
［開眼］
いやだあああぁ
あぁぁ
あぁ
あぁぁぁぁあ
あぁあぁぁあ
…こ…
んのッ

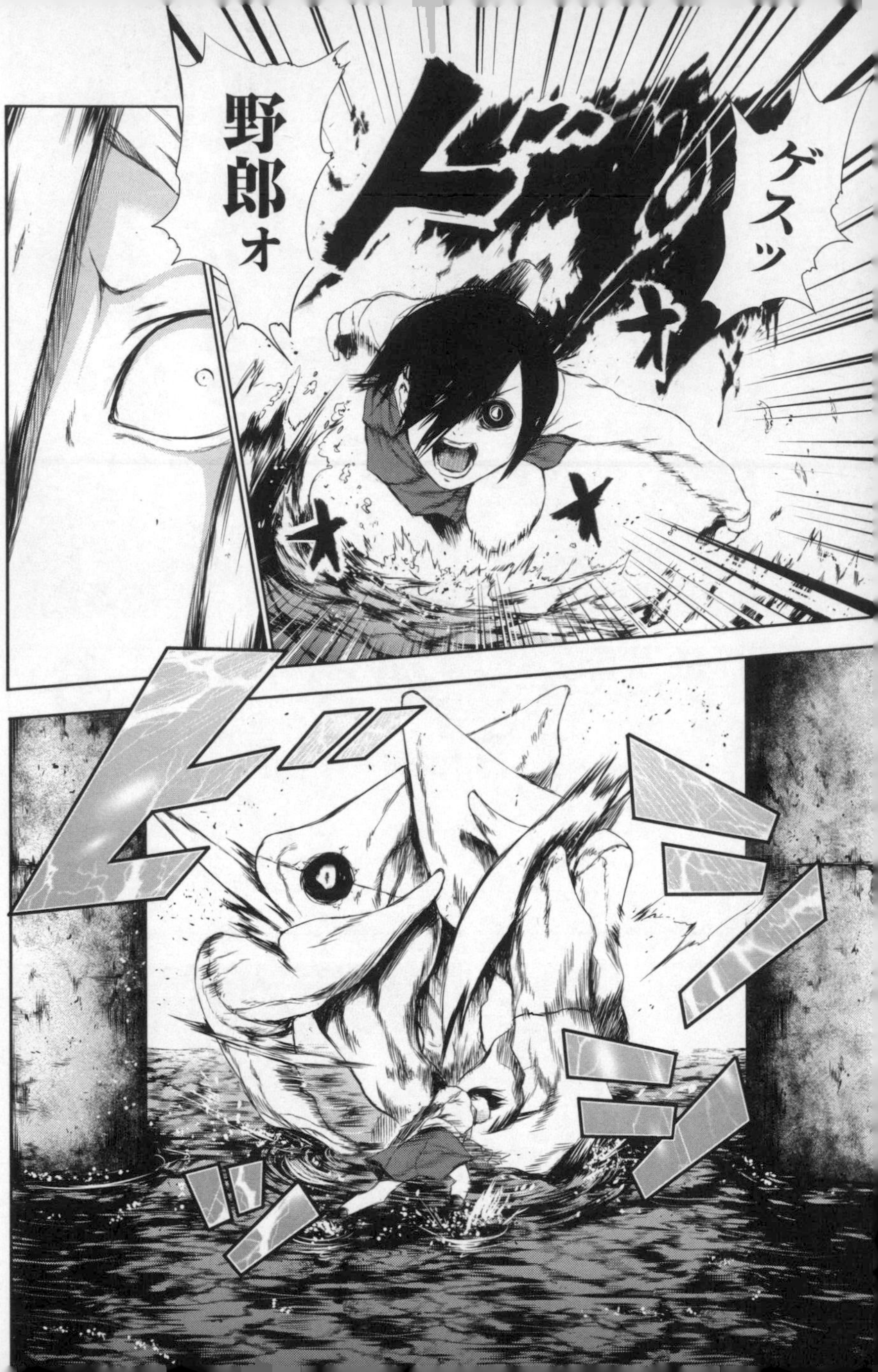
ゲスッ
野郎オ

学習していないな
ラビット
相変わらず直情的で思考が短絡
果てしなく愚《おろ》かで…
!!
それゆえ命を落とす

お前は・・・いい材料になりそうだ

あああぁぁあぁぁあぁぁあッッ!!!
うむ…
調整段階だが
夫婦揃って素晴らしい
使い心地だ
良いね!
愉快だ
もっと響かせろ!!
ッ
ギュオ
ちゃぷ

クク…
笛口リョーコを…
〝旦那の方〟で仕留めた時は一興だった
……ッ
お前はどちらで葬《ほうむ》ってやろうか…
ん？
ころ…すぞ…クソジジィ…
フン…死肉を貪《むさぼ》るハイエナ…
ゴミめ
一体 なぜ貴様らは罪を犯してまで生き永らえようとする？

………って…
生きたい…って…思って…何が悪い…
こ…んな……んでも…
せっかく…
産んでくれたんだ…
育ててくれたんだ…
ヒトしか喰えないならそうするしかねえだろ…
こんな身体で…どうやって正しく生きりゃいいんだよッ
どうやって…!
………
テメエら何でも上からモノ言いやがって……
テメエ自分が“喰種《グール》”だったら同じこと言えんのかよッ…
ムカツク…死ね…!
死ね死ね死ね死ねッ
クソ白鳩《ハト》野郎
みんな死んじまえッッ!!
クソ…が…
畜生…ちくしょ…
“喰種”だって…

私だって…
アンタらみたいに生きたいよ…!!
……それはそれは…
ジャ…
ヒュ
聞くに耐えんんよ
もう十分だ
死ね!
……
ド…

!!
がッ
ぐ…あ…
か…赫子でも
歯が立たない…

……仮面をつけた悪鬼
貴様らに一度聞いてみたかった
……？
罪のない人々を平気で殺《あや》め…
己の欲望のまま喰らう
貴様らの手で親を失った子も大勢いる
残された者の気持ち…悲しみ…孤独…空虚…
お前たちはそれを想像したことがあるか…
…………
…貴様と同じ〝喰種《グール》〟で『ラビット』と呼ばれる者がいる…
…何で…僕と話を…？
………

奴が 私の仲間を殺した…ほんの数日前だ
……
…彼は なぜ殺された…？
…捜査官だから？人間だからか？
ふざけるな…ッ
彼のッ一体どこに…!!
！
…どこに殺される理由があった…ッ
この世界は間違っている…!!
ギリ
歪《ゆが》めているのは貴様《喰種》らだ!!

——仲間の命が奪われて怒るのは当然だ…
トーカちゃんが殺した捜査官…
他の〝喰種《グール》〟が喰らった人たち
確かに多くの〝喰種〟が
数えきれないほどの悲しみを生み出してきたんだろう…
この人の言う通りだ…
〝喰種〟は この世界を歪めている…
僕だってそう思う部分はたくさんある…
彼が言うことは…正しい…
僕は何も言い返せな…
……
Name ヒナミ
……でも…

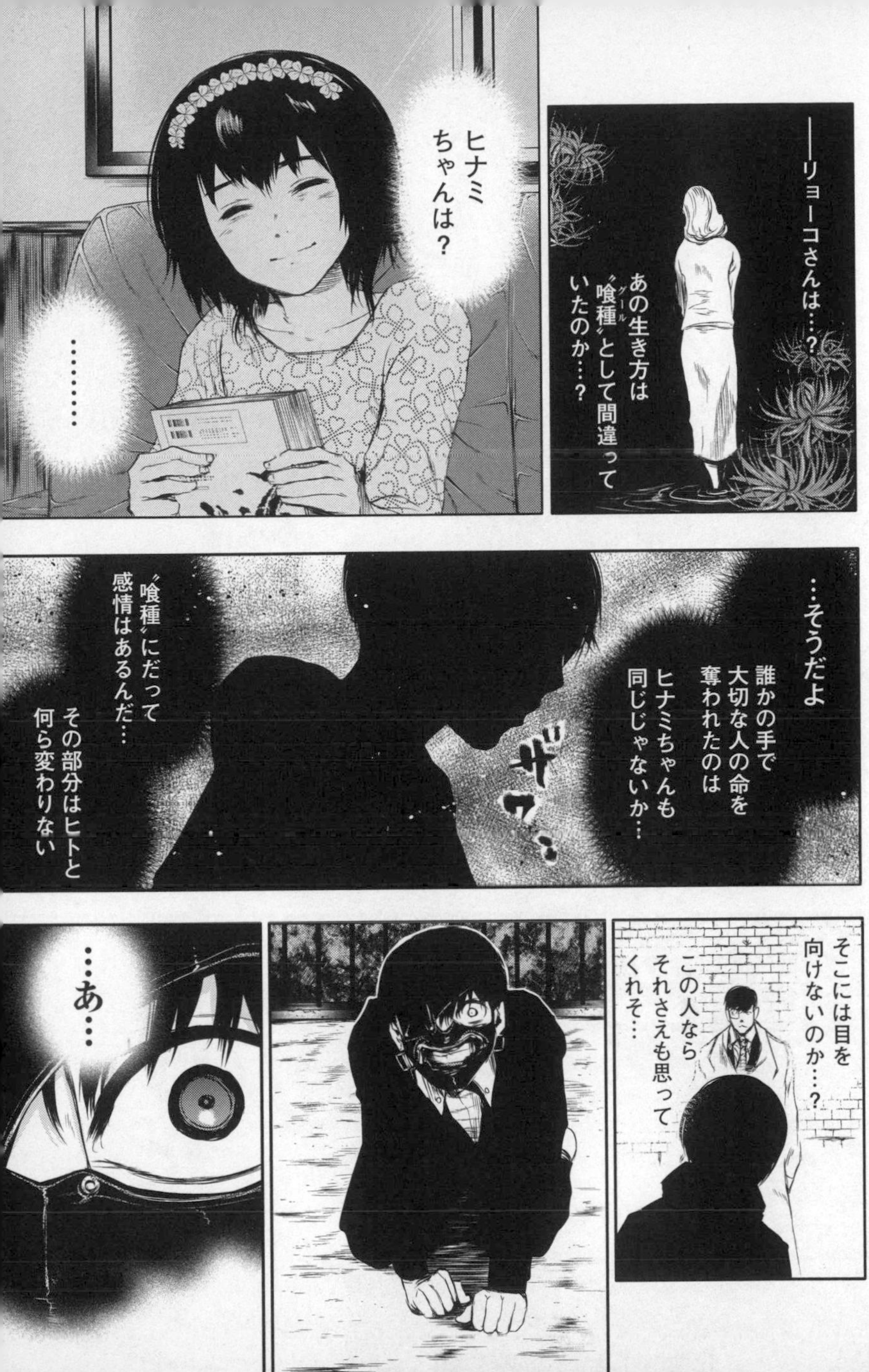
――リョーコさんは…？
あの生き方は“喰種《グール》”として間違っていたのか…？
ヒナミちゃんは？
………
…そうだよ
誰かの手で大切な人の命を奪われたのは
ヒナミちゃんも同じじゃないか…
“喰種”にだって感情はあるんだ…
その部分はヒトと何ら変わりない
そこには目を向けないのか…？
この人ならそれさえも思ってくれそ…
…あ…

〝僕〟だけだ

――それに
気付けるのも
それを
伝えられるのも…
〝どちらでも
ない〟!?
それは違う――
〝喰種《グール》〟の僕だけだ
人間の僕だけだ
ザワ‥

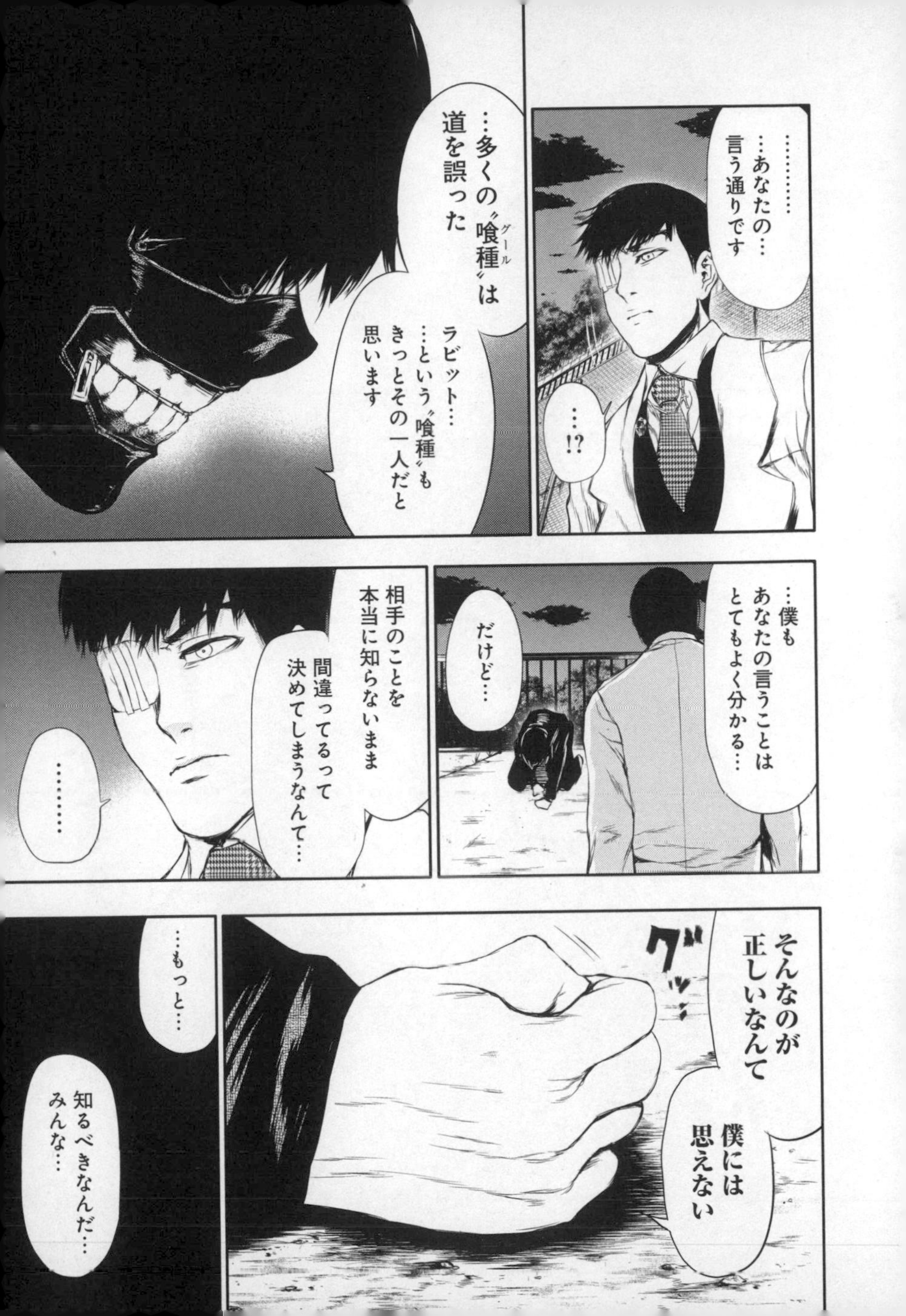
………あなたの…言う通りです
…!?
…多くの〝喰種《グール》〟は道を誤った
ラビット……という〝喰種〟もきっとその一人だと思います
…僕もあなたの言うことはとてもよく分かる…
だけど…
相手のことを本当に知らないまま間違ってるって決めてしまうなんて…
………
そんなのが正しいなんて
グッ
僕には思えない
…もっと…
知るべきなんだ…みんな…

…何を言っている…
…全く…意味がわからん…
…………
──僕が伝えなきゃ…
…だったら
わからせます
僕しか出来ないんだ

6
HOUL
者]

ふん…
一体 何をわからせようと言うのか
ザッ
〝喰種《グール》〟の戯言《ざれごと》など耳を傾ける必要はなかったな！
！

少し動きは良くなったが…
フン…！
取るに足らん!!
ぐ……

グッ
大したことないな
ピクッ
………
効かないんだよ
そんな蹴り
西尾《にしお》さんと
比べてしまえば
断然　軽い

……
「安い挑発だ…
誰がそんなものに
乗るか…」
…って
顔してるよ…
落ち着いて
相手をよく見ろ…
トーカちゃんの
攻撃の方が
ずっと速いだろ
逆上して攻撃が
もっと直線的になれば
僕でも戦える…かも
あ…
当ててみろ
ノロマめ!
ムカッ

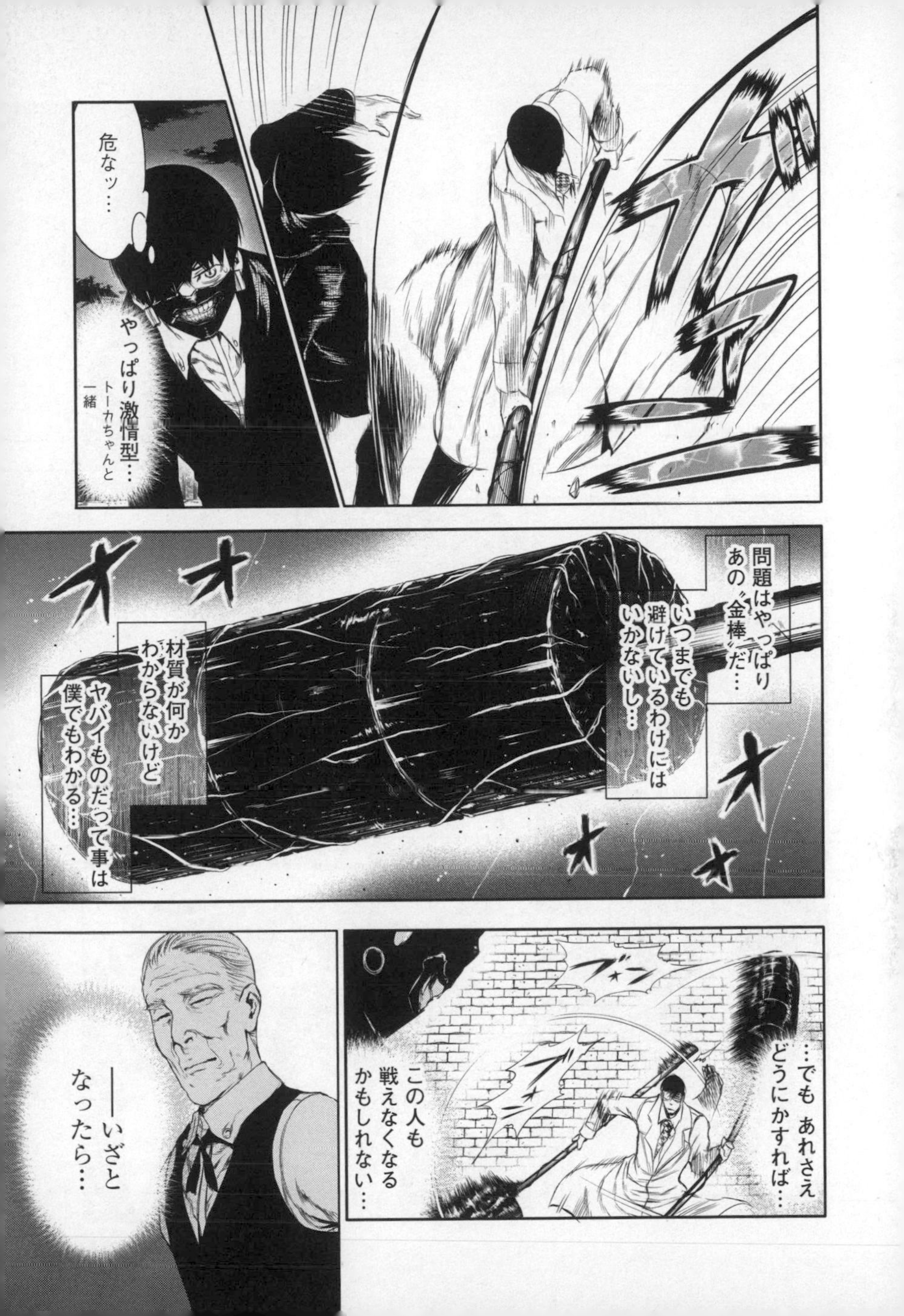
危なッ…
やっぱり激情型…
トーカちゃんと一緒
問題はやっぱりあの〝金棒〟だ…
いつまでも避けているわけにはいかないし…
材質が何かわからないけど
ヤバイものだって事は僕でもわかる…
オオオオ
…でもあれさえどうにかすれば…
この人も戦えなくなるかもしれない…
ブン
――いざとなったら…

……
対抗するには赫子しかない…
西尾さんと対峙した時のようなあの力…
ゾッ
怖い…
自分が また おかしくなって しまうんじゃないか
必要以上に 彼を傷つけてしまうんじゃないか…
だけど…
タン
せめて戦っているその瞬間は…
僕の中の〝喰種《彼女》〟を受け入れるしかない

いただきます

なっ…!!?

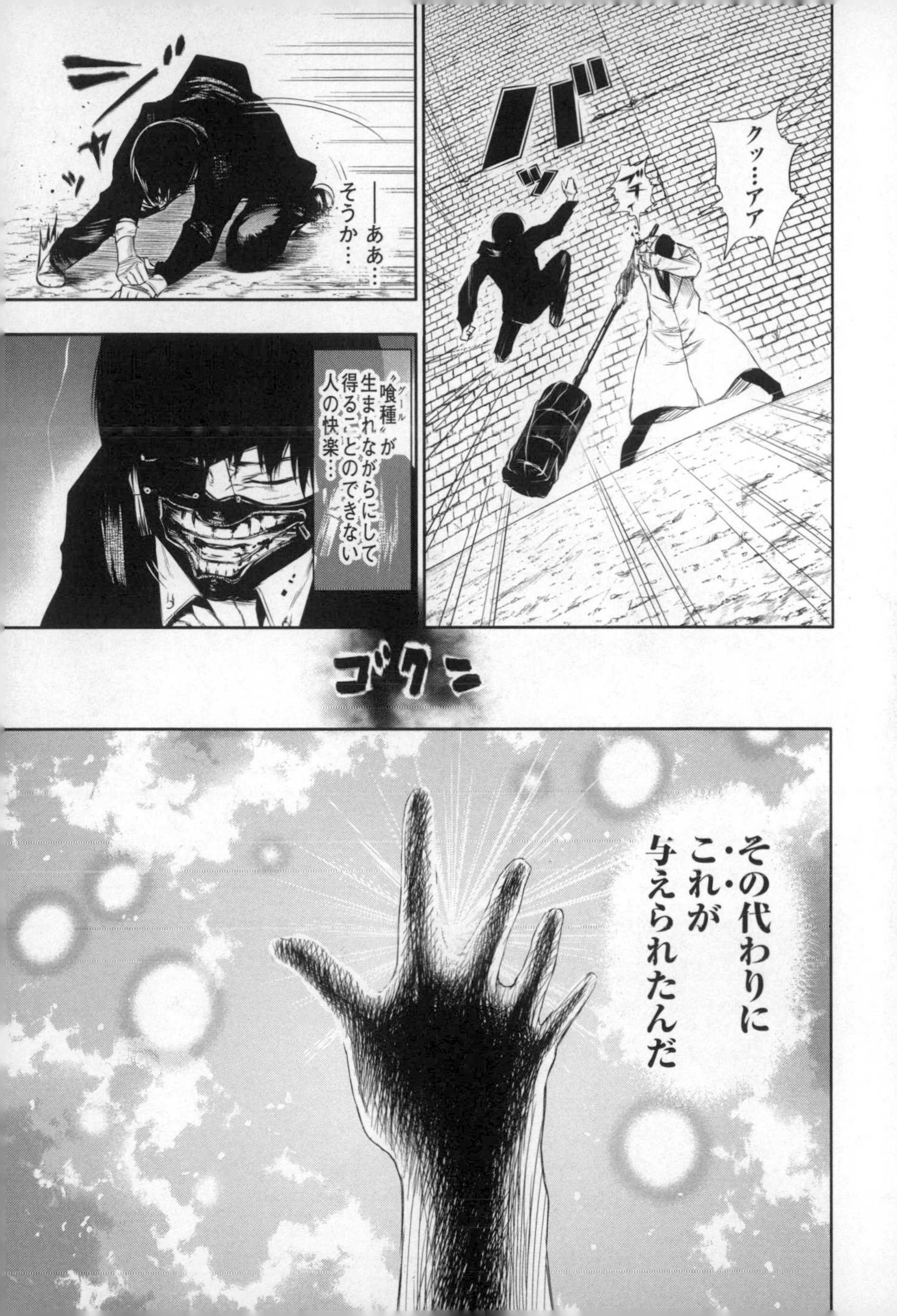
バッ
クッ…アア
――ああ…
そうか…
喰種《グール》が生まれながらにして得ることのできない人の快楽…
ゴクン
その代わりに
これが
与えられたんだ

食欲に呑まれそうだ
ズズ
ズズ
ズズ
ズズ
快楽に堕《お》ちてゆく感覚がわかる
リゼさんのような〝喰種《グール》〟がいるのも…
ある意味当然の事なのかもしれない
だけど…
……!

僕は自分《ヒト》を見失わない
ク……
オオオオッ
それが僕の戦い方だ

なっ……
ブシ
ドパァ
ぐあッ!!
ぐううう…
ド!!

あ…相手を…見誤ったか…
まさか20区にこんな〝喰種《グール》〟がいたとは…
『クインケ』なしではもはや太刀打ち出来まい…
カラ…
…俺は…空腹の獅子を突いてしまったようだ…
すまん張間《はりま》…お前の…
逃げてください
!?
逃げて…ください…

このままだと
僕は…
あなたのことを
殺します
どうせその状態じゃ
戦えない
行って
ください…
………
ふ…
ふざけるなッ
〝喰種《敵》〟を前に
背を向けるなど…!
行けッッ!!
!
……
頼むから…

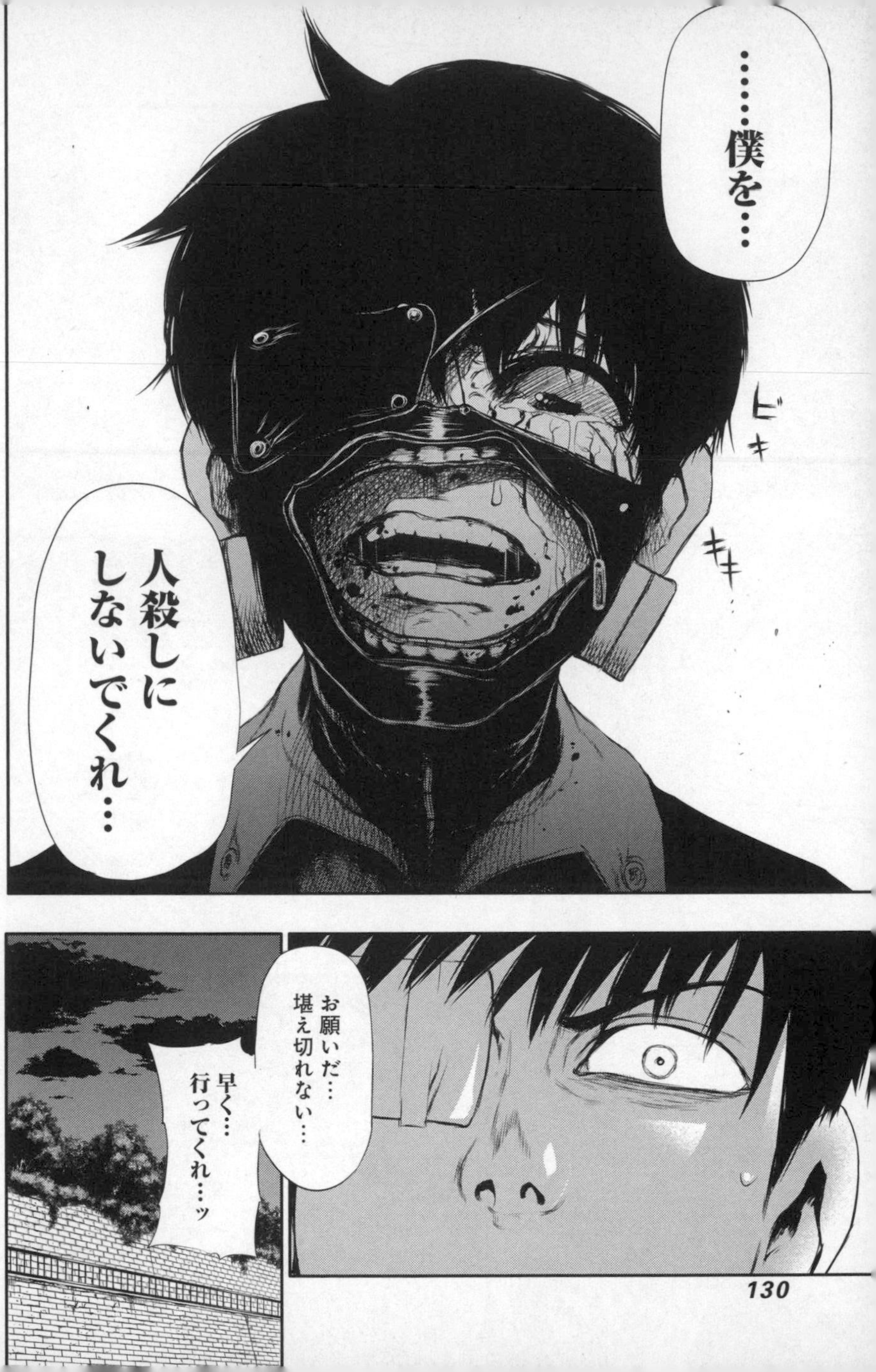
……僕を……
ビキ
キキ
人殺しにしないでくれ…
お願いだ…堪え切れない…
早く…行ってくれ…ッ

……?
『クインケ』が消えた…?
…いや…
ズキ

ブシュウウ
消えたのは…私の右手!?
!
グスッ…
パシャ
!
ハァ
ヒナ…？
ぐすん…
ぐすっ
チャプ
チャプ

グスッ…
もう…やめてよ…
もう…お姉ちゃんを傷つけないで…
#027
TOKYO GHOUL
[二人]
おとうさんを…
おかあさんを…っ
…あの距離から私の手を持っていったのか…

ゴオオ!!
そんな風にしないでよぉ!!
…ハハッ!!

ビュ
ドゴォ
バッ
ズチィ
!
フンッ

素晴らしい…
すごいいいッ!!!
母親と父親の赫子の優れた部分だけが
見事に引き継がれている!!
実に良質な赫子だ!
欲しい!!

えええいっ
重いッ
ポイ
ババ
こっちだ
ゴオッ
よこせえええええッ
フッ
ガギーー

バシャ
フハッ

く……
ヨロ
あの“喰種《グール》”は…
一体 何だったんだ…
なぜ 俺を 見逃したんだ…？
捜査官… 敵である俺を…
…奴は…
泣いて いた…？

「人殺しにするな」…？
〝喰種《グール》〟が何を…
それに…
〝わからせる〟という
あの言葉…
クソッ…
〝喰種〟の戯言だ…
考えるな…
とにかく今は…
真戸さんの
元へ…
何だか
嫌な予感が
する…
ぐううう…
ゴミの
ポイ捨て禁止

赫子が…おさまらない…ッ
駄目だ…！
一旦ヒトを殺して肉を喰おう…!!
…違うっ何を言ってるんだぼくはぁああッッ！
ズズズズ
誰か…
いやだ…
たすケて…
コノままジゃ…

――お前を
見ていた
…………
…誰…か…し…ら…
フフ… まァ 誰でもいいか
ねえ
僕《あたし》…

すごくお腹が
すいてるの——
芳村《よしむら》さんが・・・
!
お前に目をかける理由が・・・
わかった気がする

俺も…
お前がこれから先
何を為《な》していくのか
見たくなった——
戻ってこい
…研《ケン》
…よ…
…四方《よも》…さん…?
あっ…ぼ…
僕……
ス…
何てことを…
ああ…
………
喰え
楽になるぞ

フ…フ…
素晴らしい…
私の『クインケ』に
してやる…ぞ！
家族は一緒に
いるべきだろォ
ハハハハハ…!!
ヒナ…ミッ…
トドメ…
……
と…ど…め…

わたし…
できないよ…
!
ヒ…ナ…ッ
アンタの両親の仇《かたき》なのよ…!?
ドク
ドク
私も…
これ以上は…
…わたしも
……
考えたんだ
この人に仕返しすれば…
このモヤモヤも消えてくれるのかなって…
ジ…
………

でも…
違った
ズ
…復讐なんて
どうでもよかった…
ズ
わたし…
ズ
かなしいだけなの…
おとうさんと
おかあさんに
あいたくて…
かなしいだけ
だった…

三人で
暮らしてた時に
もどりたい…
ひとりは
さびしいよ…
おとうさん…
おかあさ…ん…っ
………
………
反吐《ヘド》が…
チャプ
ギャ

出ッ・・・・
ビッ
・・・・・・
かは・・・

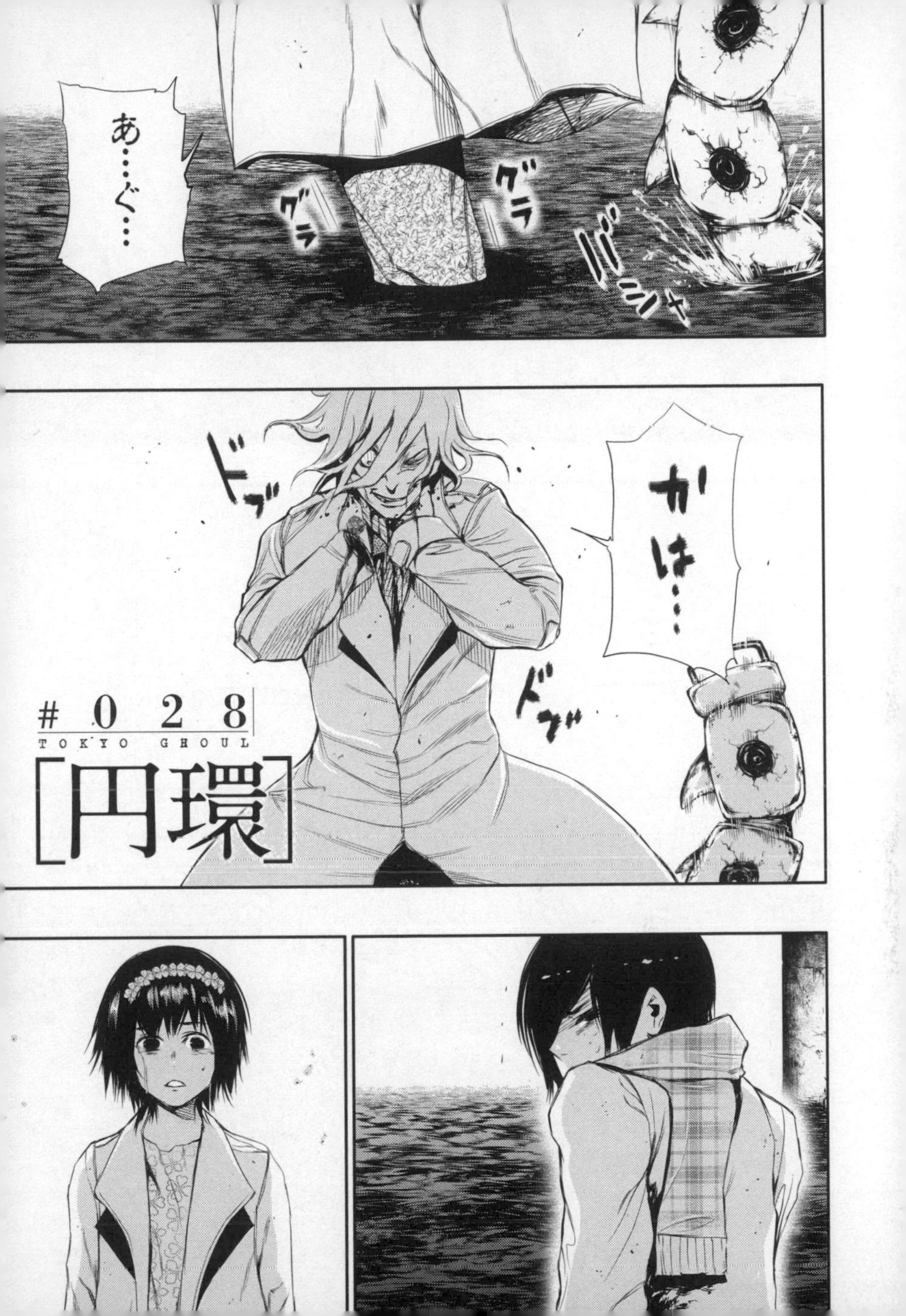

あ…ぐ…
グラ
グラ
パシャ
かは…
ドブ
ドブ
#028
TOKYO GHOUL
[円環]

グラ
バシャ
…ク…
ククク…
私が
〝喰種《グール》〟如きに…
しくじったな…
ハハハハ…

クソ…
〝喰種《グール》〟め…
……
死ね…
貴様らに
生きる価値など
あるものか…
存在価値など
笑わせる…クク…
間抜けな…
〝喰種《グール》〟が…
ハハハハハ
ハハハハハ…!
は……

まだだ…
ジャブ
貴様らに…
報復を…
ジャブ
わたし…は
ヤツを…
"隻眼《せきがん》"を
ゴポ
ごの手で葬るまではあ…
まだ…
…死ね…な…
パシャ

ど…けよ…
…手袋《こんなもん》なんかしやがって…
グイ
私らには触るのも嫌かよッ
バシャ
……
ハァ
ハァ
ハァ
ピクッ

おい
大丈夫か
!
四方さん…
カネキ…
私は…大丈夫です…
それより…
ああ
すぐに…
…いや
ピクッ

誰かがこちらへ向かってきている
死体を運んでる時間は無いようだ…
…やむを得ん行くぞ
は…はい

……
トーカちゃん？

トーカちゃん…
は…早く行かないと…
トーカちゃ…
………

ジャプ…
ジャプ…

ちゃぽ…
……
ボロ
ボロ

生きて…
いいのかな
…え…

わたし…生きてていいのかな…
………
ヒナミちゃん
…リョーコさんはあの時…
「生きて」って言ったんだと思うよ
!
!

……
…うん
――20区の捜査官はもっと増えるんだろうか
〝ラビット《トーカちゃん》〟やヒナミちゃん…
そして僕を狙って…
…

――トーカちゃん
肩貸そうか？
は…
いらないっつの…
貸すよ
へっ!?
い…
いらないって！
よいしょ
……
意味わかんねー
コイツ…
…何かしなきゃ
僕にも出来る事が
あるはずなんだ
僕にしか
出来ない事が…
…あの人の
言葉がずっと
頭をループしてる
……

『この世界は間違っている』

東京喰種《トーキョーグール》

Tokyo
Ghoul

#029
TOKYO GHOUL
1区――
故 真戸呉緒 上等捜査官 告別式場
――しかし あの真戸さんが…
カッ
まアー 俺に言わせれば 当然の結果だけどな
カッ
捜査官の資質は 『クインケ』じゃない…
武器集めに夢中で 腕を磨かねェから こうなるんだよなァ〜
ザッ
ザッ
丸手《まるで》さん
死者を 蔑《さげす》むような発言は 控えて下さい
〔CCG〕本部
特等捜査官

先輩！
例の被疑者が動いたみたいッス
そうか
よし…飯田《いいだ》たちにはそのまま監視を続けさせろ！
ザッ
ザッ
まったく 喪《も》に服す暇もないな
カッ
カッ
行きましょう先輩！
………

本日付けで対策一課に配属されました
亜門鋼太朗《こうたろう》です！
よろしくお願いします
アイツか
アカデミー首席の…
亜門 鋼太朗 22歳
二等捜査官
デカイな…
君の話は先生方から聞いている
期待しているよ 亜門
じっ…尽力させていただきます！
君は真戸くんの下に付いて働いてもらおう
…はい！了解いたしました

「お隣さんってもしかして…」
安心の街
平和な毎日を目指す!
真戸さんか…
新人なのに大変だな
……?
真戸さんとはどういった方なのでしょうか
『クインケ』マニアのおっさんだよ
…彼のあの拘《こだわ》り様は常軌を逸しているな
無茶する人だから
振り回され過ぎないようにな
ポン
カッ
カッ
ああ 真戸くん今日から彼と組んでもらうことになった
ほお…わかりました

真戸呉緒《くれお》だ
よろしく 亜門くん
ペコ…
よろしく…お願いします
痩《や》せこけた頬に…死者を連想した
#029 TOKYO GHOUL
[真戸]
新人はベテランの捜査官と組む事になる
捜査の実践法を学ぶためだ
「アップルヘッド」…ですか?
ああ
私の現在の担当は 17区の「アップルヘッド」だ
マスク装着時の〝喰種《グール》〟の目撃者がいる
赤くてリンゴのように見えたらしい
これが似顔絵だ

『アップルヘッド』はここ1年で50件以上の捕食殺害を起こしている凶悪な〝喰種《グール》〟だ
一体での捕食数としてはかなり多い部類だ
おまけに足取りがなかなか掴《つか》めない
それで3週間前に本部《ウチ》に依頼が来たというわけだ
1年で50件以上も…ですか
──〝赫子〟の分泌液から同一〝喰種〟の捕食であるのは間違いない
被疑者は？目星をつけている人物はいるのでしょう？
…ひとりね
事件当夜に現場付近をうろついていた村松《むらまつ》キエ
68歳
はっ⁉
おかしいかね？68歳の〝喰種〟がいないとでも？
い…いいえ…

食欲旺盛な老婆の“喰種《グール》”… 手ごわいぞ
長く生きているということはそれだけ賢《さか》しいはずだ
…いい“赫子”を持ってそうだ
村松が“喰種”であるのは間違いない
それは何故…？
何か証拠でも？
勘だ
か……
は…？
勘は馬鹿にならんぞー
亜門くん
私は勘には自信がある
クハハハ
……

本当に大丈夫なのかこの人…
こんにちは村松さん
あら…あなた…
今日は男前を連れてらっしゃるわねぇ
新人の亜門…私の新しいパートナーです
…この温厚そうな婦人が〝喰種《グール》〟…?
確かに「全てを疑え」とは習ったが…
ニコ
ニコ

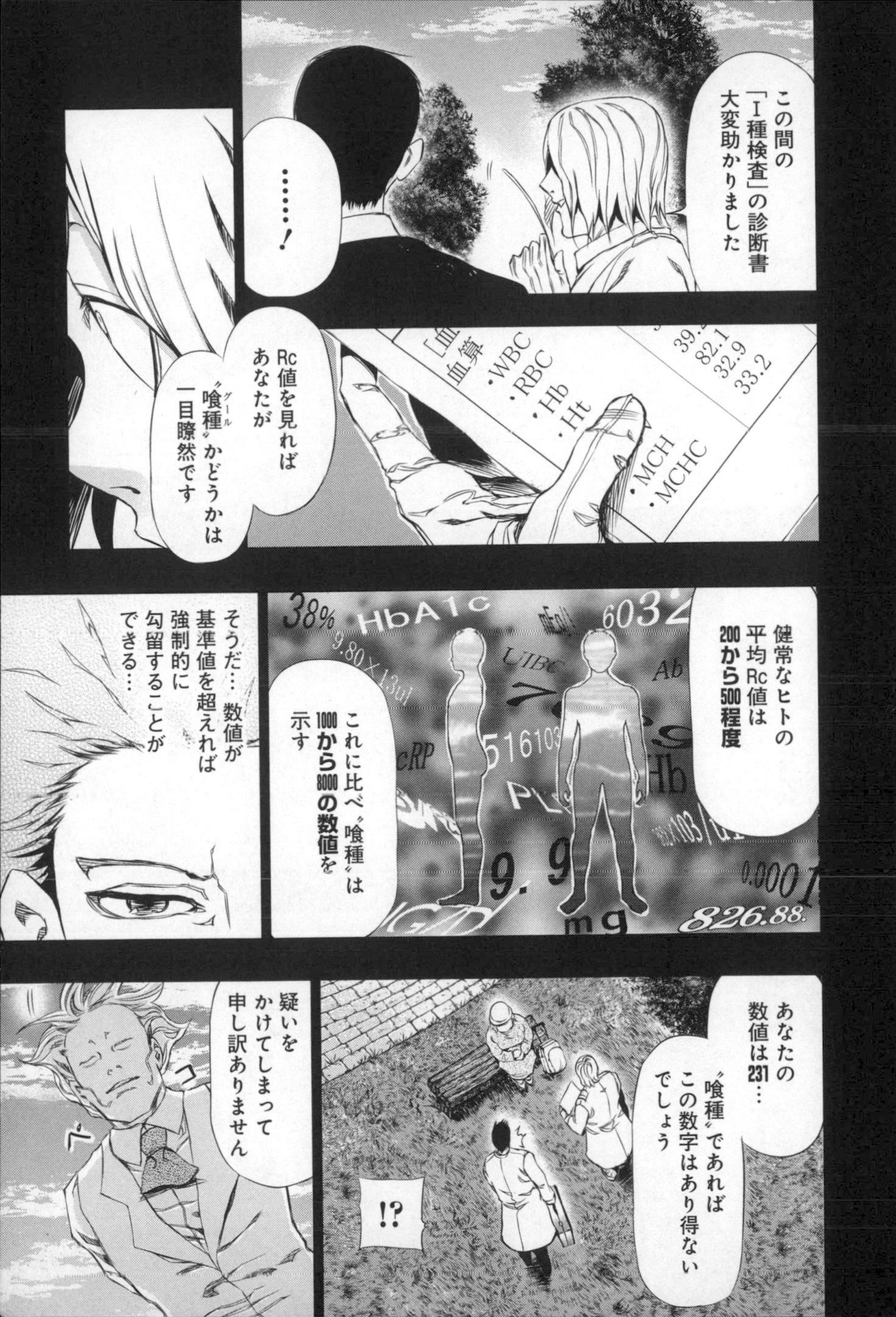
この間の「I種検査」の診断書 大変助かりました
……!
Rc値を見れば あなたが "喰種《グール》"かどうかは 一目瞭然です
健常なヒトの平均Rc値は 200から500程度
これに比べ"喰種"は 1000から8000の数値を示す
そうだ… 数値が基準値を超えれば 強制的に勾留することができる…
あなたの数値は231…
"喰種"であれば この数字はあり得ないでしょう
!?
疑いをかけてしまって 申し訳ありません

どういうことですか!?
診断書があるなら何故 私に言って下さらないのです!?
そもそもこの診断書は
〔CCG〕が認可した医療機関のものではない…こんなもの 何の役に…
クク…これも作戦だよ
〝シッポ〟を出させるためのね
君は今夜からこのポイントを張ってくれ
!
すぐにヤツは現れる
ピッ
…何故そう言い切れるんです?
経験だよ亜門くん
集めた情報から筋を読めば答えは自然と導かれる
君はじっくり私から学べ
ピクッ
……
まだまだヒヨッコなのだから

"ヒヨッコ"…
…わかりました
そうだ亜門くん 君の『クインケ』を 見せてくれないか
…はい？
今時の新人が 本局からどんな モノをもらうか 興味があってね…
……
……お言葉ですが 真戸上等捜査官… …私は…
俺は 本気でやって いるんです
捜査に 関わりの ない事は…
遠慮して いただけますか！

一目でいいんだが？
…張り込みに行きますので失礼します…！
…ふむ
あの人は何を考えているんだ…
本局の人間があんな調子で良いのか…？
出来れば有馬《ありま》特等のように心から尊敬できる方と仕事したかった…
…！
……村松…さん？
ヨイショ
ヨイショ
ヨタ
ヨタ
荷物…重そうだな
村松さん

あら あなた… 捜査官の…
どうも…
重そうですね 手伝いますよ
本当？ 助かるわぁ
…あたしの孫も 貴方みたいだったら よかったわぁ…
ありがとうねぇ
いえ…
こんな方を疑うなんて あの人は どうかしてる…
しかし… 重いですね
よくここまで 持って…
ジワ…
……血？
フッ

チリッ
!!!
ぐっ
ババア扱いしてんじゃねえぞ小僧ウウ……
こちとらピンピンじゃコラァ

ズバッ
ドゴォ
ひっ！
ズバッ
なーんちゃっ……
……
かっ…勘弁しておくれえ…殺すのだけは……

駄目だねぇ亜門くん
クズを前に躊躇しては
真戸…さん…
お…俺…
良い
君の その未熟さも含めて私の計画の内だ
…そうそう あの診断書は村松の偽装だよ
盗んだものを利用していたようだ
〝赫子《シッポ》〟を出させないと
良い『クインケ』が作れんだろう
ズルン
…わかっていてどうして野放しに…？
おや…？・・・こっちがマスクだったか…
ブラン
アップルヘッド

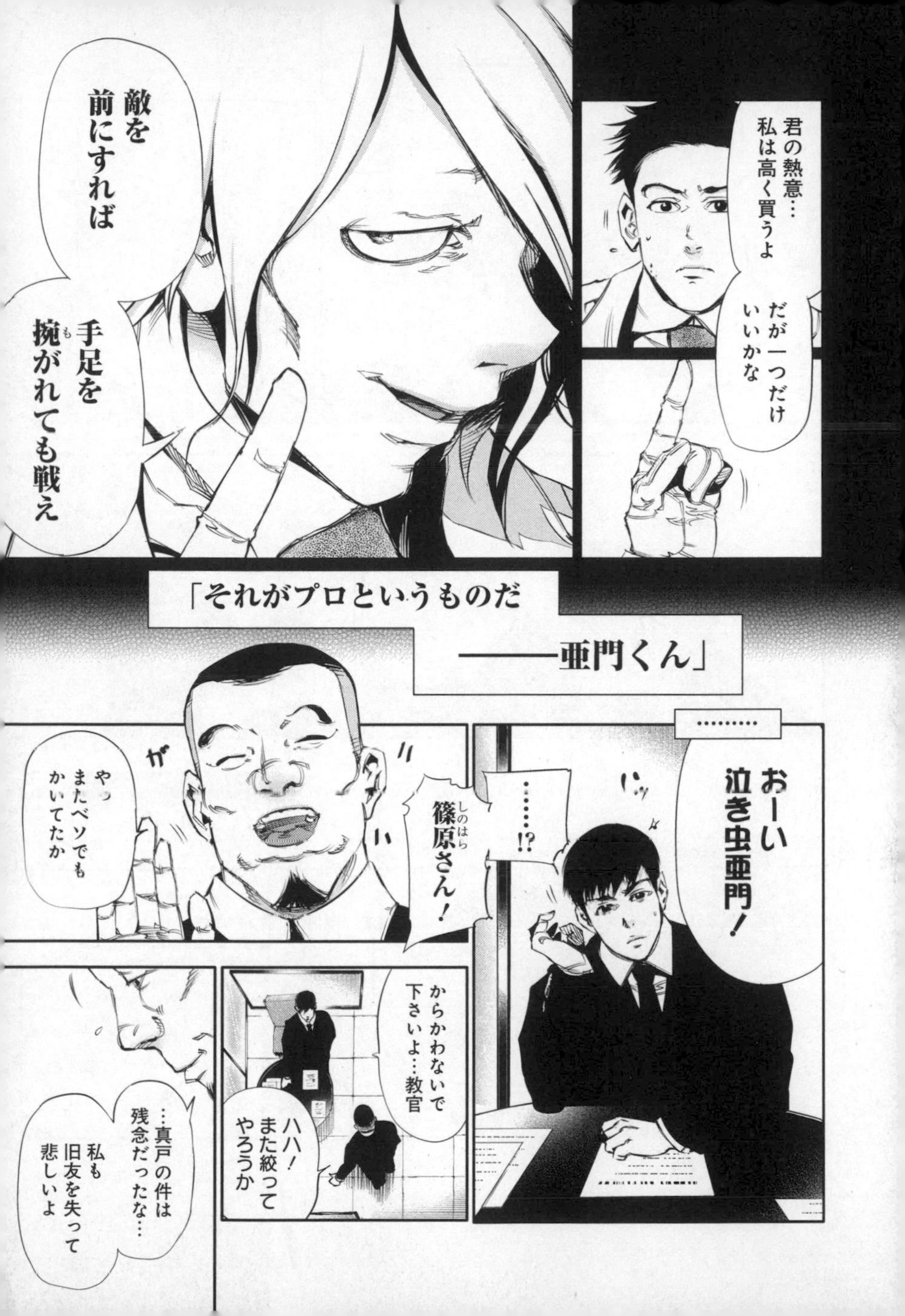
君の熱意…
私は高く買うよ
だが一つだけ
いいかな
敵を前にすれば
手足を捥《も》がれても戦え
「それがプロというものだ
——亜門くん」
………
おーい
泣き虫亜門！
……!?
篠原《しのはら》さん！
ガ
やっ
またベソでも
かいてたか
からかわないで
下さいよ…教官
ハハ！
また絞って
やろうか
…真戸の件は
残念だったな…
私も
旧友を失って
悲しいよ

篠原さん！ジューゾーが…
あ!?
また何かやったの!?
…現場に戻られたんですか…？
少し前から超〜厄介な子と組まされてね…
もー大変
…というワケでちょっと行ってくるねい
…あー亜門！
…？はい？
真戸《アイツ》は君を誇りに思っていたよ
………
真戸呉緒は——
私もです
私の誇りです

東京喰種

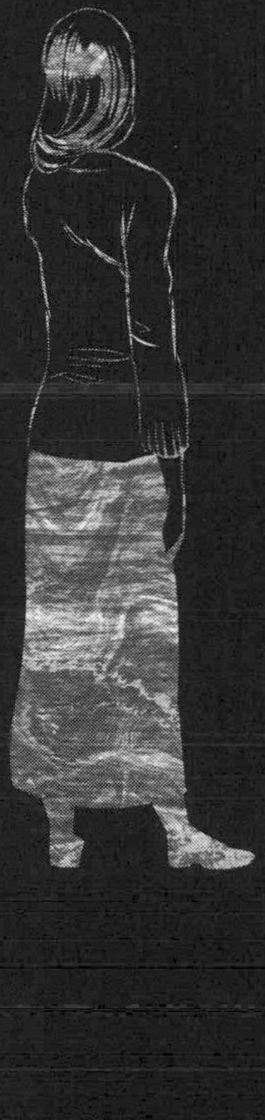

石田 スイ

アシスタント
eda
宮本竜次

ヘルプ
井手瑞紀
松崎

編集
松尾 淳平

デザイン
ミマダ ヒデアキ

本誌トビラ
高岡 美幸 (POCKET)

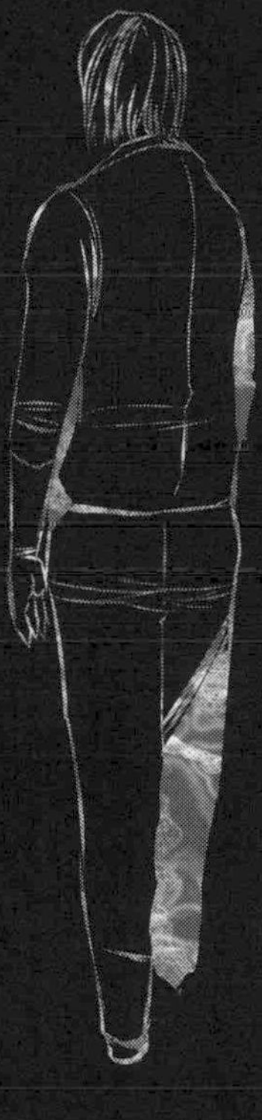

サワ…
サワ…
あの世の喰種
…ここは
あの世か…
随分
わかりやすいのが
付いてるな…
まったく…
こんなところで
倒れるとは…
ギッ
ギシ
しくじったな
クク…
大きな心残りも
あるが…
私なりに
健闘した方か…
亜門くん
自分を責めるな
私も未熟だった
君は
前を向いて歩け

TOKYO GHOUL

「週刊ヤングジャンプ」H24年13号−22・23合併号まで好評連載されたものを収録しました。

ヤングジャンプ・コミックス

東京喰種 トーキョーグール 3

TOKYO GHOUL

ISHIDA SUI

発行日　2012年6月24日［第1刷発行］
2014年11月11日［第22刷発行］

著者　石田スイ

編集　株式会社 ホーム社
〒101-0051
東京都千代田区神田神保町3丁目29番　共同ビル
電話＝東京03(5211)2651

発行人　鈴木晴彦

発行所　株式会社　集英社
〒101-8050
東京都千代田区一ツ橋2丁目5番10号
電話＝東京03(3230)6222(編集部)／03(3230)6191(販売部)
03(3230)6076(読者係)

Printed in Japan

製版所　株式会社　昭和ブライト

印刷所　図書印刷株式会社

ISBN978-4-08-879357-3　C9979

あの子のことも気がかりだが…
私の仕事はここまでだな
さて… この世界では一体どんな業《ごう》を背負わされるのかな…
ギイイイ
ホカ ホカ
…いやー 良い湯加減ッスねぇ キエさん カズオさん
グツ
グツ
マスクがムレムレ…
この後は極寒地獄でヒヤッと行きましょう!
グツ
こいつら何だオニ…
ハッ…!?
ククク…
まさか地獄に来てまで仕事があるとはなァ!!
…リョーコ 今下から何か聞こえなかった?
え?
ヒイイ〜!!!
おわり。

4巻は9月発売予定です。よろしくおねがいします。